Von Baku nach Batumi

Zur Autorin

Melanie Krebs studierte Islamwissenschaft und spezialisierte sich schnell auf Zentralasien und den Kaukasus. Seit 2002 forscht, arbeitet und lebt sie immer wieder in der Region und ist fasziniert von ihrer Vielfalt, ihrer wechselhaften Geschichte und ihrem häufig noch widersprüchlichen Alltag.

Weil es die vielen kleinen Begebenheiten dort nie in die großen wissenschaftlichen Artikel und entwicklungspolitischen Konzepte schaffen, schreibt sie Bücher.

Melanie Krebs

Von Baku nach Batumi

୫ଌ

**Durch den Kaukasus
mit Essad Bey**

VERLAG
H.J. MAURER

Copyright © 2018 by Verlag Hans-Jürgen Maurer
Alle Rechte vorbehalten

Umschlaggestaltung: Sangram Singh Pabla, Frankfurt
Grafik: Rosi Weiss, Langenbrettach

Die Zitate aus *Ali & Nino* mit freundlicher Genehmigung von Ullstein.

Lektorat: Martina Klose, Freiburg
Innenlayout und Schriftsatz: Hans-Jürgen Maurer
Gesetzt aus der Times New Roman und der Syntax

VERLAG HANS-JÜRGEN MAURER
FRANKFURT AM MAIN

www.maurer.press
info@maurer.press

ISBN 978-3-929345-74-2

Inhalt

Anmerkung 6

Aserbaidschan
Der Kaukasus – Eine Frage nach dem Wohin und Woher 7
Große Träume in Baku 14
Von Dichtern, Sängern und einem verlorenen Land – Karabach ... 29
Khane, Öl und Feueranbeter – Die Halbinsel Abşeron 42
Der Islam und die Fragen der Identität 55
Im Zickzack durch Aserbaidschan 68
Frauen im Kaukasus 82
Bei den Deutschen in Aserbaidschan 93

Georgien
Über Grenzen – Tekali 105
Tbilisi – Die schönste Stadt des Kaukasus 116
Die Georgische Heerstraße und die Welt der Berge 131
Nach Westen – Zu Bolschewiken, Höhlen und
    heilendem Wasser 142
Auf den Spuren der Antike – Imeretien 155
Bäume, Kirchen und Napoleon – Mingrelien 166
Zwischen Bergen und Meer – Batumi 177

Nachwort 189

Karte 192
Literaturverzeichnis 194
Dank 195

Anmerkung

Die aserbaidschanischen Orts- und Personennamen sind in der aserbaidschanischen Schreibweise gehalten. Für die Sonderzeichen gelten folgende Ausspracheregeln:

x = ein kehliges ch
ə = ein leichtes ä
ş = sch
q = g
ı = kurzer Vokal zwischen i und e.

Ausnahmen wurden gemacht bei bekannten Namen wie „Baku" (eigentlich „Bakı") oder die Familie Aliyev (eigentlich „Əliyev").

Der Kaukasus – Eine Frage nach dem Wohin und Woher

„Die Ostgrenze Europas zieht sich durch das Russische Kaiserreich den Ural entlang, durchschneidet das Kaspische Meer und läuft dann durch Transkaukasien. Hier hat die Wissenschaft ihr letztes Wort noch nicht gesprochen. Während manche Gelehrte das Gebiet südlich des kaukasischen Bergmassivs als zu Asien gehörig betrachten, glauben andere, insbesondere in Hinblick auf die kulturelle Entwicklung Transkaukasiens, auch dieses Land als Teil Europas ansehen zu müssen. Es hängt also gewissermaßen von Ihrem Verhalten ab, meine Kinder, ob unsere Stadt zum fortschrittlichen Europa oder zum rückständigen Asien gehören soll."

Der Professor lächelte selbstgefällig. Den vierzig Kindern in der dritten Klasse des kaiserlich russischen Gymnasiums in Baku, Transkaukasien, stockte der Atem vor den Abgründen des Wissens und der Last der Verantwortung.

Kurban Said, Ali und Nino[1]

Ungefähr im Jahr 1905 lässt Kurban Said (alias Essad Bey, alias Lev Nussimbaum) in seinem 1937 in Wien erschienen Roman *Ali und Nino* einen Gymnasiallehrer in Baku so vor einer Klasse über die politische, kulturelle und geografische Zugehörigkeit des Südkaukasus philosophieren. Zu jener Zeit war Baku, die Hauptstadt des heutigen Aserbaidschan, nicht nur ein relativ junger Teil des Russischen Imperiums, sondern durch die Erdölfelder um die Stadt auch eine der reichsten Städte der Welt. Hier lebten Menschen, die Russisch, Persisch oder Französisch so selbstverständlich sprachen wie ihre Muttersprache (sei es Aserbaidschanisch, Georgisch oder Armenisch) und die über den

---

[1] Die Zitate im Buch sind ausnahmslos aus Essad Beys Werken entnommen. Siehe auch „Literaturverzeichnis", Seite 194.

Koran so diskutieren konnten wie über den aktuellen Ölpreis und die Aufführung einer klassischen Oper. Das kulturelle und politische Zentrum des russischen Generalgouvernements Südkaukasus war aber das georgische Tiflis – heute als Tbilisi die Hauptstadt des unabhängigen Georgien –, das mit seinen Boulevards und Theatern mit jeder Hauptstadt Westeuropas konkurrieren konnte. Der Reichtum Bakus war mit der Entstehung einer Arbeiterschicht auf den Ölfeldern, wo Armut und Hoffnungslosigkeit herrschten, einhergegangen. Dort fand damals ein Schuhmachersohn aus Gori nahe Tbilisi als Abgesandter der verbotenen Kommunistischen Partei sein erstes Beschäftigungsfeld. Unter seinem späteren Kampfnamen „Stalin" sollte er zu den wenigen Südkaukasiern gehören, die es zu erheblicher Bekanntheit brachten.

Ansonsten war und ist der Kaukasus in Europa wenig bekannt. Es war Essad Bey, der Mann mit den vielen Pseudonymen (von denen ich der Einfachheit halber das bekannteste wähle), der den Deutschen in den frühen 1930er-Jahren den Kaukasus nahezubringen versuchte. Schon mit Mitte zwanzig entfaltete der Sohn eines Bakuer Ölmagnaten im deutschen Exil eine unglaubliche Produktivität: Nach seinem ersten Buch, der eher satirischen Quasi-Autobiografie *Öl und Blut im Orient* aus dem Jahr 1930, entstanden weitere Bücher über den Kaukasus, wie das nur ein Jahr später erschienene *Zwölf Geheimnisse im Kaukasus*, Biografien von Stalin, Nikolaus II. und Mohammed, sowie Romane, von denen *Ali und Nino* der berühmteste wurde. Essad Beys Berichte über den Kaukasus sind eine Mischung aus orientalistischen Klischees von wilden Bergräubern, dümmlich wirkenden Dorfbewohnern und schönen Frauen, deren Ehre von starken Männern beschützt wird, auf der einen Seite, und einer verblüffenden Detailkenntnis kaukasischer Geschichte und sehr genauen Beschreibungen von Menschen und Orten auf der anderen Seite.

Essad Beys Autobiografie ist eine ähnlich wilde Mischung aus Fiktion und Wahrheit wie seine Sachbücher und Romane. Dass sein Vater im Bakuer Ölgeschäft reich geworden war, kann als gesichert gelten; ob die Mutter, wie er behauptet, wirklich eine bolschewistische Revolutionärin war, das sei einmal dahingestellt. Beide Eltern waren Juden, er selbst trat mit siebzehn Jahren zum Islam über, verbrachte den Rest seines Lebens aber in christlichen Ländern wie Deutschland und Italien.

In den letzten Jahren habe ich die oben zitierten Worte Essad Beys immer wieder zitiert, wenn man mich fragte, ob der Südkaukasus, speziell Aserbaidschan, nun zu Europa gehöre oder nicht. Diese Frage wurde mir seit 2010 oft gestellt, wenn ich erzählte, dass ich in einem Forschungsprojekt der Europäischen Ethnologie zum Südkaukasus arbeite. Kaukasus? Wo ist das genau? Und dann auch noch Südkaukasus: Waren die Menschen da nicht Muslime? Hieß das nicht automatisch, dass es Asien sein musste? Warum Europa? Die Fragen änderten sich kaum, als Aserbaidschan 2012 den Eurovision Song Contest ausrichtete. Ich musste zwar nicht mehr darauf antworten, wo genau das Land liege, aber die Zugehörigkeit zu Europa wurde nach wie vor infrage gestellt – und das nicht nur in Deutschland. Auch im Kaukasus diskutierte man die diversen Möglichkeiten der Zugehörigkeit. Ganz wie Essad Beys Gymnasialklasse, die, wie er selbst in *Ali und Nino* schreibt, aus „dreißig Mohammedanern, vier Armeniern, zwei Polen, drei Sektierern und einem Russen" bestand und sich 1905 schon nicht einigen konnte, wozu sie gehören und wohin sie sich orientieren sollte. Es stehen hier mehr Wege offen, als der Europäer – verkörpert durch die Person des Gymnasiallehrers – sich damals wie heute vorstellen konnte und kann. Die Kaukasier hat sowieso keiner gefragt, was sie wollten. Die Entscheidungen über die Zugehörigkeit des Kaukasus fielen in jenen Jahren in St. Petersburg, London, Versailles und Moskau. Europäische Mächte teilten den Kaukasus unter sich auf, trafen ihre Entscheidungen über Berge und Steppen, Städte und Dörfer, verschiedene Sprachen und Religionen und vor allem über das Öl, das in Baku aus der Erde sprudelte. … Oder doch nicht?

Von Baku nach Batumi – Durch den Kaukasus mit Essad Bey

In den Geschichtsbüchern steht geschrieben: Im Jahr 1874 wurde die Eroberung des Kaukasus beendet. Seitdem sind Jahrzehnte vergangen, und wer den heutigen, auch den revolutionären Kaukasus kennt, wird bestätigen, noch ist sie nicht vollendet, und es ist kaum anzunehmen, dass sie überhaupt je vollendet sein wird. Zu groß ist die Kluft, die Russland von der bunten Welt des Kaukasus trennt. Erst wenn der letzte Kaukasier gestorben ist, werden die Berge vollkommen erobert sein.

Aus „Wie der Kaukasus erobert wurde",
in *Zwölf Geheimnisse im Kaukasus*

Vielleicht ist heute, über hundert Jahre später, tatsächlich auch der Letzte, den Essad Bey als „Kaukasier" bezeichnet hätte, verstorben, denn, als ich 2010 in Baku landete, war mein erster Eindruck vom Südkaukasus, wenn auch nicht unbedingt russisch, so doch sehr sowjetisch. Meine Unterkunft am Rand der Bakuer Innenstadt sah aus wie viele, die ich in dem ehemaligen Riesenimperium zwischen St. Petersburg an der Ostsee und dem kirgisischen Bischkek, das nur ein paar Hundert Kilometer von der chinesischen Grenze entfernt liegt, bewohnt hatte: ein staubiger Hof mit Bäumen, unter denen alte Menschen saßen und ihre Enkelkinder beaufsichtigten; ein graues Haus; ein Treppenaufgang, gestrichen in dem typischen Hellblau, das offensichtlich in der ganzen Sowjetunion verwendet wurde und auch heute noch in unbegrenzter Menge zur Verfügung zu stehen scheint. Nichts von der „bunten Welt des Kaukasus".

Auch die Wohnung sah aus wie Wohnungen sowjetischer Akademiker, deren Kinder inzwischen im Westen leben und die elterliche Wohnung an Ausländer vermieten, eben aussehen: die stolz in den 1980er-Jahren gekauften Möbel; Fotos der Kinder und Enkel mit Geige, am Klavier oder beim Ballett; Puschkin, Brecht, Dostojewski im Bücherschrank. Dies war der alte Kaukasus, an den sich meine Nachbarn mit Wehmut erinnerten.

Der neue Kaukasus liegt vor der Haustür, da, wo die Wolkenkratzer der reichen Ölstadt Baku in den Himmel schießen. „Eines Tages wird man von uns als dem ‚Dubai am Kaspischen Meer' sprechen", erzählt mir ein paar Tage später ein junger Aserbaidschaner, der für das Ministerium für Kultur und Tourismus arbeitet, und zeigt die Pläne für noch mehr, noch höhere, architektonisch noch originellere Wolkenkratzer, in denen vor allem Büros und Hotels untergebracht werden sollen. Ähnliches höre ich Wochen später in Tbilisi, wenn auch hier mit resigniertem Unterton: „Unsere Regierung hätte am liebsten, dass es hier aussieht wie in Singapur", seufzt eine Kollegin, die keinen Hehl daraus macht, dass sie den für sie glücklicheren Tagen der Sowjetunion nachtrauert, den Zeiten, als man noch von einem Professorengehalt leben konnte und der Blick über den Fluss auf die Altstadt von Tbilisi noch nicht durch eine neue Brücke aus Stahl und Glas versperrt wurde. Dubai und Singapur also. Nicht Europa. Als Essad Bey den von Russland kolonialisierten Kaukasus zwischen Europa und Asien platzierte, war Europa noch die Zukunft, Asien die Vergangenheit. Die Erde hat sich weitergedreht und nun ist Russland, ja ganz Europa die Vergangenheit, Dubai und Fernost sind die Zukunft – zumindest wenn es um die Stadtplanung der oberen Zehntausend geht. Es ist noch immer so wie seit mehr als hundert Jahren: Viele werden einfach nicht gefragt. Denn der postsowjetische Kaukasus besteht nicht nur aus Städten und ihrem Versuch des Sprungs in eine Zukunft aus Glas, Beton und Stahl. Die neuen Staaten feiern auch die Wiederentdeckung mythischer Helden und Apostel, ja ganzer Reiche aus dunkler Vorzeit. Manches, was die jeweiligen Kultur- und Tourismusministerien zur Geschichte ihres Landes herausbringen, klingt nicht weniger orientalistisch-romantisch, als es sich Essad Bey in seinen orientalistischsten Fantasien erträumt hat. Der neue Kaukasus, das sind eben auch Dörfer und verlassene Industriestädte, die immer noch mit dem Verlust sowjetischer Infrastruktur und Sicherheiten, aber auch mit einem Erbe aus ökologischen Problemen und autoritären Strukturen kämpfen. Er ist geprägt von undemokratischen Regimen, zunehmenden sozialen Spannungen und ungelösten Konflikten zwischen den einzelnen Staaten – und von Menschen, die sich über alle politischen und sozialen Grenzen hinwegsetzen. Es dauerte lange, bis ich begriff, dass vieles nur für mich absurd und gegensätzlich klang. Für die Menschen um mich herum gehörte all das einfach zum Alltag und zu ihrer Biografie, die so viel Unterschiedliches in sich vereinen mussten. Denn unverändert ist geblieben, dass auch die heutigen Bewohner des Südkaukasus in ihrem Leben immer wieder mit gewaltigen Veränderungen umzugehen haben. Das Ende der Sowjetunion kam für die Menschen, die ihr Leben auf deren Bestehen ausgerichtet hatten, ebenso überraschend, wie die Russische Revolution für die Bakuer Oberschicht, die Essad Bey beschreibt. Der Mann, der selbst eine solche Biografie hatte, erwies sich damit immer wieder als guter Begleiter durch die unterschiedlichen Facetten des Südkaukasus. Sein Orientalismus hat mich manches Mal wütend gemacht, seine ironischen Brechungen desselben ebenso oft nachdenklich: Wenn er von den Gewohnheiten und der Ehre der wilden Bergräuber schrieb, erschien er mir wie der typische Europäer, bei dem sich Romantisierung der Wilden und Rechtfertigung des westlichen Zivilisationsauftrags mischten. Wenn er weiter ausführte, wie sich der französische Schriftsteller Alexandre Dumas (der Ältere) so sehr wünschte, von echten kaukasischen Räubern überfallen zu werden, dass die russischen Kolonialherren ein paar Polizisten befahlen, dem hohen Gast den Wunsch zu erfüllen und ihn zu überfallen, gewinnt die ganze Beschreibung eine Menge Komik und es ist schließlich der Europäer mit seinen Kaukasus-Klischees, über den gelacht wird. Mit Essad Bey im Hinterkopf frage ich mich, ob der Polizist, der mich wegen angeblich unerlaubten Fotografierens auf der Straße anhält und mein Visum so lange kritisch begutachtet, bis ich ihm umgerechnet 10 Euro gebe, wirklich nur unterbezahlt und schikanös ist oder vielleicht vom Tourismusministerium dazu angehalten wurde, mir eine echt kaukasische Erfahrung zu verschaffen. Denn ist es nicht genau das, was einem in einem Land, von dem bekannt ist, dass es korrupt und undemokratisch ist, mindestens geboten werden sollte?!

Ich begann, Essad Beys Berichte mit meinen eigenen Erfahrungen zu vergleichen und zu vermischen. Neu und Alt fingen an, sich zu ergänzen, als ich von Baku am Kaspischen Meer aus westwärts durch Aserbaidschan und Georgien bis ans Schwarze Meer reiste, mich mehr oder weniger an die Route haltend, die Essad Bey als seine Fluchtroute durch den frühsowjetischen Kaukasus angab. Aus den vielen Beobachtungen, den Gesprächen und Interviews auf meinem Weg wurde dieses Buch, das wie einst Essad Beys Bücher dem Wunsch folgt, eine Region, die mir ans Herz gewachsen ist, weiter bekannt zu machen. Denn unverändert ist geblieben, dass die Kenntnisse der meisten Deutschen über den Kaukasus in den letzten hundert Jahren kaum gewachsen sind. Noch immer sind ihre Vorstellungen geprägt davon, dass dort wilde Bergvölker leben, die sich gegenseitig bekriegen oder in heftige Auseinandersetzungen mit Russland verstrickt sind, dass es neureiche Diktatoren und eine verarmte Bevölkerung gibt – Eindrücke, die durchaus stimmen, aber eben nur einen Teil der Wahrheit darstellen.

Eines der Länder des Südkaukasus fehlt hier: Das heutige Armenien hat Essad Bey nicht betreten, und so bleibt auch für mich hier nur über Aserbaidschan und Georgien zu berichten. Dennoch ist Armenien so untrennbar geografisch und historisch Teil dieser Region, dass es am Rande immer wieder auftauchen wird.

Große Träume in Baku

Eine Reise durch den Kaukasus auf Essad Beys Spuren kann nur in Baku beginnen, in jener Stadt, in der er seine Kindheit und frühe Jugend verbracht und der er in seinem Roman *Ali und Nino* und in seiner Quasi-Autobiografie *Öl und Blut im Orient* literarisch ein Denkmal gesetzt hat.

Die Tatsache, dass die bezahlbaren Flüge nach Baku meistens mitten in der Nacht ankommen, hat einen unbestreitbaren Vorteil: Die Stadt und ihre Umgebung sehen beim Landeanflug deutlich besser aus als bei Tage. Wenn das Flugzeug einen weiten Bogen über die Stadt zieht und über dem Kaspischen Meer immer tiefer sinkt, wirken die Bohrinseln draußen im Meer wie helle Trauminseln und nicht wie umweltgefährdende schwarz-graue Monster. Die grau-braune Steppenlandschaft um die Stadt ist in ebenso freundliches Dunkel gehüllt wie die sowjetischen Wohnblocks an der Peripherie, wo nur wenige Straßenlaternen brennen. Die Innenstadt dagegen leuchtet. Am hellsten flackern die Flame Towers – drei wie Flammen geformte Hochhäuser, das Symbol des neuen Baku –, deren LED-Leuchten abwechselnd die aserbaidschanische Fahne oder züngelnde Flammen projizieren. Auf der Fahrt in die Stadt verstärkt sich der ganz offensichtlich auch erwünschte Eindruck: In Baku muss man nicht sparen. Nicht an der Architektur und nicht am Strom, um diese zu beleuchten. Die mehrstöckigen Wohnhäuser des Heydar Aliyev-Prospekts sind in ebenso gleißendes Licht getaucht. (Wie schlafen die Bewohner bloß?) wie das auf einer autobahnumtosten Verkehrsinsel gelegenen Heydar Aliyev-Zentrum der britischen Stararchitektin Zaha Hadid. Angesichts der Tatsache, dass ich gerade auf dem Heydar Aliyev-Flughafen angekommen bin, macht sich neben dem Eindruck von Reichtum auch eine andere Erkenntnis breit: Ich habe ein Land mit einem unübersehbaren Personenkult betreten. Heydar Aliyev, ehemaliger Vorsitzender der Kommunistischen Partei Aserbeidschans, später Präsident des unabhängigen Landes und Vater des jetzigen Präsidenten, ist omnipräsent. Hatte ich 2010 noch darüber gelächelt, dass sich manche Ausländer darüber aufregen, kannte ich doch den noch extremeren Atatürk-Kult der Türkei und die Omnipräsenz der jeweiligen Herrscher in Nordafrika und dem Nahen Osten, so muss ich fünf Jahre später einräumen: Aserbaidschan ist in diesem Punkt absolut konkurrenzfähig geworden. Ölmilliarden haben riesige Heydar Aliyev-Parks, Heydar Aliyev-Plätze, Heydar Aliyev-Museen und Heydar Aliyev-Statuen ermöglicht.

Bei aller Wiedersehensfreude macht sich bei mir angesichts der Baustellen auf der Fahrt in die Stadt auch Angst breit: Ich frage mich, ob ich meine alte Nachbarin wiederfinden werde oder ob ihr Haus inzwischen abgerissen wurde; ob meine Lieblingsbäckerin ihren alten Lehmofen, den sie schon in verschiedenen Baulücken im Viertel aufgebaut hatte, noch einmal vor den Baggern hat retten können und welcher schattige Park, welches grüne Café nun in eine gleißende Marmor-Betonfläche verwandelt worden ist. In der Stadtplanung Bakus wird groß geträumt, von einer Zukunft, in der die Stadt gleichrangig mit Weltstädten genannt wird, die sich durch schwindelerregende Architektur und ebensolche Preise auszeichnen.

Das wichtigste Symbol dieses neuen Baku sind die bereits erwähnten Flame Towers, die auf einem Hügel über der Bucht so dicht an den Abgrund gebaut sind, dass ich verstehe, wo die mit ehrlicher Angst verbreiteten Gerüchte herkommen, die Regierung investiere Milliarden Dollar, um ihr Abrutschen zu verhindern. Sollte der Hang eines Tages nachgeben, würde das Wahrzeichen des neuen Baku das alte Baku (die letzten Reste der mittelalterlichen Stadt ebenso wie die Jugendstilbauten der Gründerzeit und die sowjetischen Wohnblocks) endgültig unter sich begraben –

eine Katastrophe, die auf moralischer Ebene für viele alteingesessene Bakuer schon eingetreten ist. Die Stadt ihrer Erinnerung ist bereits durch die neuen Bauten, aber auch durch die sozialen, wirtschaftlichen und nicht zuletzt durch die demografischen Veränderungen zerstört. Gerade für die sowjetische akademische Mittelschicht, das heißt für jene Aserbaidschaner, Russen, Armenier und Angehörigen anderer Völker der ehemaligen Sowjetunion, die sich in den Höfen der sowjetischen Wohnblocks sammelten, weil die Ölstadt Baku Akademiker und Facharbeiter brauchte, und deren gemeinsame Sprache Russisch war, brachte die Unabhängigkeit Veränderungen, die sie sich vorher nicht hätten vorstellen können. In den 1980er-Jahren hätten die Lehrerinnen und Facharbeiter der Bakuer Ölindustrie ihre Sommer als Rentner im Jahr 2010 vermutlich darin gesehen, mit den Enkeln ins Puppentheater am Meer zu gehen (das einmal das erste Kino im Kaukasus war) und anschließend Limonade zu trinken, um dann abends entweder mit den Nachbarn im Hof zu sitzen oder ins Theater oder Konzert zu gehen. Kitschige Sowjetidylle? Sicher. Aber dies war aus damaliger Sicht wahrscheinlicher, als dass sie eines Tages aufwachen würden und feststellen müssten, dass die Rente zwar knapp fürs Überleben, aber bestimmt nicht für Theaterkarten reicht – oder nur dann ausreicht, wenn sie weit über das Pensionsalter heraus Nebenbeschäftigungen ausüben. Dass die erwachsenen Kinder arbeitslos sind oder im Ausland arbeiten und man auf die regelmäßigen Überweisungen hofft, weil man davon die Enkel aufziehen muss, für die nirgendwo sonst Platz ist. Und man hat ganz bestimmt nicht damit gerechnet, dass die alten Nachbarn, die Russen, Armenier und Juden, plötzlich weggezogen sein und einen mit einer Menge neu zugezogener Aserbaidschaner vom Land allein lassen würden. So klingt es zumindest, wenn ich frage, was der größte Unterschied zu der Zeit vor der Unabhängigkeit sei: Damals war Baku eine kultivierte, multikulturelle Stadt, in der

Menschen lebten, die aus der gesamten Sowjetunion stammten. Heute ist Baku nach Meinung der Alt-Bakuer bewohnt von unkultivierten Neuankömmlingen vom Land und geprägt von neuen Bauten, die sie nicht mehr mit ihrer, der russischen und westeuropäischen Kultur verbunden sehen. Stimmt ja auch, denn die Vorbilder heute heißen eben Dubai und Singapur.

Es ist mehr als nur ein meteorologisches Phänomen, dass Baku nur zwei Windstärken zu kennen scheint: Flaute oder Orkan. Die Bewohner Bakus werden nicht zum ersten Mal aus einer vermeintlich ewig dauernden Ruhe gerissen und plötzlich mit den großen Träumen von Menschen konfrontiert, die ihnen fremd sind. Ähnlichen Ängsten, einem ähnlichen Staunen wie die frühere sowjetische Mittelschicht heute, müssen die schiitischen Türken ausgesetzt gewesen sein, als ihre bis dahin im Schatten der historischen Ereignisse liegende kleine Hafenstadt am Kaspischen Meer Ende des 19. Jahrhunderts innerhalb weniger Jahrzehnte zu einer der reichsten Metropolen der damaligen Zeit wurde. Dass in der Umgebung Bakus das Öl in einfachen Brunnen zu gewinnen war, war bereits in der Antike bekannt, aber das wirtschaftliche Interesse an dem Rohstoff, der zum Abdichten von Gefäßen und Schiffen sowie als Lampenöl verwendet wurde, hielt sich in Grenzen. Doch dann wurde Öl zur wichtigsten Ressource des Industriezeitalters und in kürzester Zeit wurde Baku eine Metropole, die Industrielle und Glücksritter aus der ganzen Welt anzog. Aus dem Baku jener Zeit stammt das Vermögen, aus dessen Zinsen die jährlich vergebenen Nobelpreise bezahlt werden. Hier erwarben und vergrößerten die Rothschilds, Siemens' und Mannesmanns ihre Vermögen. An der Börse von Baku wurde mehr umgesetzt als an der von New York, von den Gewinnen und Verlusten in den Spielcasinos einmal ganz zu schweigen.

Es war die Zeit, als in Baku vieles entstand, was später den stolzen Titel „das Erste" erhielt: Die Brüder Nobel ließen den ersten Öltanker der Welt auf dem Kaspischen Meer zu Wasser (auch wenn dies auf dem Binnenmeer für den westlichen Markt nur begrenzt Sinn ergab), es wurde das erste Opernhaus in einem islamischen Land gebaut, die erste Oper geschrieben, das erste Mädcheninternat und das erste Kino eröffnet und die erste Druckerpresse importiert. Vieles von diesem „ersten" – ob sie nun stimmen oder nicht – ist mit dem Namen Zeynalabdin Taghiyev verbunden, des bedeutendsten aserbaidschanischen Ölmillionärs des 19. Jahrhunderts.

Seinal Aga war ein einfacher Bauer aus dem Dorf Binigady bei Baku. Er besaß ein Stück staubigen, trockenen Wüstenbodens, das er so lange bearbeitete, bis ein kleines Alltagsbeben in seinem armseligen Besitz eine Spalte aufriss und aus der Spalte Ströme von Öl hervorschossen. Seinal Aga brauchte von da ab nicht mehr geschickt oder klug zu sein. Er konnte dem Geld einfach nicht mehr entrinnen. Er gab es aus, freigiebig und verschwenderisch, aber das Geld nahm zu und lastete auf ihm, bis es ihn zermürbt hatte. ... Er baute Moscheen, Krankenhäuser, Gefängnisse. Er pilgerte nach Mekka und gründete Kinderasyle.

Ali und Nino

Die von Taghiyev gestifteten Bauten prägen heute noch die Gründerzeitstadt, und sein Haus – oder eher Palast – ist das Nationalmuseum für die Geschichte Aserbaidschans. Sein Geld kam aber nicht nur muslimischen oder aserbaidschanisch-nationalen Zwecken zugute, auch die russisch-orthodoxe Kirche und armenische Waisenhäuser wurden von ihm bedacht. Ersteres wird betont, wenn beispielsweise die regierungsnahe Heydar Aliyev-Stiftung im Rahmen der internationalen Kulturarbeit Fenster des Straßburger Münsters sponsert, Letzteres wird lieber verschwiegen.

Der Unterschied in der Entwicklung der Stadt damals und heute liegt vor allem darin, dass sich die neue Stadt mit ihren modernen Gründerzeitbauten im ersten Ölboom außerhalb der

Altstadtmauern ausdehnte, während für die Neubauten des zweiten Ölbooms sowjetische wie Jugendstil-Häuser weichen müssen.

Es waren eigentlich zwei Städte und die eine lag in der anderen wie eine Nuss in der Schale. ... Innerhalb der Mauer waren die Häuser eng und krumm wie die Klingen der orientalischen Degen. Gebettürme der Moscheen durchstachen den milden Mond und waren ganz anders als die Bohrtürme des Hauses Nobel. An der östlichsten Mauer der alten Stadt erhob sich der Mädchenturm.

Ali und Nino

Heute ist die Altstadt innerhalb der renovierten hohen Mauern UNESCO-Kulturerbe und wird in den Tourismus-Broschüren gern als „mittelalterlich" bezeichnet. Hier liegen alte Moscheen, zu Restaurants umgebaute Karawansereien und der Palast der alten Herrscher von Baku, der Şirvanşahs. In *Ali und Nino* noch als „verfallen" bezeichnet, hat ihn die Sowjetunion (ja genau, die nach weitverbreiteter Ansicht alle lokale Kultur zerstörende Sowjetunion!) restauriert und als Museum genutzt. Das wichtigste Wahrzeichen der Altstadt – oder ganz Bakus – aber ist der Mädchenturm, um den sich Sagen und sagenhafte historische Forschungen ranken. Immer älter wird der sechsstöckige runde Turm, dessen ursprüngliche Nutzung unbekannt ist. Datierten ihn sowjetische Forscher noch vor wenigen Jahren ins 12. Jahrhundert nach Christus, sind aserbaidschanische Forscher – zumindest was die Fundamente angeht – inzwischen bei den Sumerern bzw. deren kaukasischen Zeitgenossen gelandet. Könnte es daran liegen, dass die verfeindete Nachbarrepublik Armenien die Anfänge ihrer Hauptstadt Jerewan auf 2500 vor Christus datiert und man das natürlich überbieten muss? Auf jeden Fall gibt es den Mädchenturm auch in ganz moderner Form: als etwa ein Meter hohe Modelle, die jedes Jahr von Künstlern aus der ganzen Welt bunt bemalt und dann auf dem Platz unterhalb des echten Turms ausgestellt werden.

Bei aller Beschwörung von Mittelalter und UNESCO-Weltkulturerbe wäre es falsch zu glauben, dass die Altstadt unbeeinflusst von allem Ölreichtum geblieben wäre. Auch wenn aserbaidschanische Kollegen es geradezu persönlich übel nehmen, wenn ich darauf hinweise, dass die Altstadt offensichtlich gar nicht so mittelalterlich ist, wie immer behauptet wird, bleibe ich bei meiner Skepsis – oder warum tragen so viele Häuser der Altstadt, die auch viel weniger krumm und deutlich größer sind, als ich sie mir nach *Ali und Nino* vorgestellt hatte, Bauinschriften aus der Zeit um 1900? Muslime, die in dieser Zeit reich wurden, bauten wohl gern in der Altstadt ihre Häuser. Der zweite Ölboom zeigt sich nun in der Altstadt mit Hotels, Restaurants und Galerien, aber auch mit Botschaften. Die Renovierungsarbeiten der letzten Jahrzehnte haben ebenfalls dazu beigetragen, dass ich den mittelalterlichen Charme nur noch schwer unter Beton und neuem Straßenpflaster finden kann – da hilft es mir auch nicht, wenn die Kästen der Klimaanlage von nachgemachtem Sandstein mit Stuckverzierung verdeckt sind. Doch die Stadtanlage mit ihren verwinkelten Gassen und Treppen und die kleinen Moscheen mit ihren verzierten Minaretten und Eingangstoren sind eindeutig alt. Immerhin.

Die Schale, das war die Außenstadt, außerhalb der alten Mauer. Die Straßen waren dort breit, die Häuser hoch, die Menschen geldgierig und lärmend ... Dort waren Theater, Schulen, Krankenhäuser, Bibliotheken, Polizisten und schöne Frauen mit nackten Schultern. Wenn in der Außenstadt geschossen wurde, so geschah es immer nur des Geldes wegen. In der Außenstadt begann die geografische Grenze Europas.

Ali und Nino

Die Altstadt mag als Symbol der langen Geschichte Aserbaidschans und Bakus vermarktet werden, ein Ort aus dem Alltag der meisten Bakuer ist sie allerdings nicht. Der beginnt vor den Toren der alten Stadtmauer, in der Außenstadt, wo sich der Reichtum der Ölbarone in bisweilen skurriler Architektur zeigte.

Auch sonst fehlt es in den Straßen der Ölstadt nicht an Raritäten der Baukunst. Alle Stile sind vertreten. Maurische Paläste stehen neben gotischen Gebäuden, und die byzantinische Kuppel erhebt sich neben dem Rokokopavillion. Die Paläste waren das Steckenpferd der Ölherren und jeder versuchte auf andere Weise irgendeinen sonderbaren Traum seiner Seele zu verwirklichen.

Aus „Ölschieber und Ölfürsten",
in *Öl und Blut im Orient*

Tatsächlich erstrahlen an der Ringstraße um die Altstadt frisch renovierte Paläste, die Jugendstil und Klassizismus, Neogotik und Renaissance vereinen und von der Fantasie der Ölherren und ihrer Architekten erzählen. Der wichtigste Teil der Außenstadt aber ist die Torgovaya, die „Handelsstraße", wie die Straße, die heute nach dem Nationaldichter Nizami benannt ist, für die Bakuer immer noch heißt. Dabei wird der Name Torgovaya häufig für das ganze Gebiet mit Querstraßen und dem Platz der Fontänen verwendet. Irgendwo habe ich einmal gelesen, dass sich Ortsnamen im kollektiven Gedächtnis über Jahrhunderte halten können, und die Tatsache, dass die alte Haupteinkaufsstraße Bakus immer noch unter ihrem vorrevolutionären Namen bekannt ist, ist für mich ein Beweis dafür. Allerdings geht dennoch kaum jemand mehr zum Einkaufen in dieses Viertel. Dabei findet man dort immer noch eine Mischung aus Billigläden, Edelboutiquen und bis vor Kurzen sogar kleinen Supermärkten, mit teuren Restaurants, Imbissläden und Internetcafés für die, die sich weder eigene Computer noch den Kaffee in den modernen Cafés mit Wi-

Fi leisten können. Dennoch ziehen zunehmend vor allem junge Menschen zum Einkaufen die neuen Malls, die auch noch Klimaanlagen und billigeres Fastfood bieten, der Handelsstraße vor.

Wenn es ums Flanieren geht, ist die Torgovaya an warmen Abenden als Treffpunkt von Bakuern aller Altersgruppen und sozialer Schichten konkurrenzlos. 2010 wurde der Platz der Fontänen völlig umgestaltet: Früher, wurde mir erzählt, sei er eher ein Park gewesen. Mein erster Eindruck war der einer Baustelle. Heute ist es ein weiter Platz mit glänzenden Steinen und Blumenrabatten, Bäumen, Springbrunnen, modernen Skulpturen sowie einem altmodischen Karussell. Hier gilt „Sehen und gesehen werden" und manche der jungen Leute, die vor McDonalds herumstehen, scheinen einfach nur darauf zu warten, dass zufällig ein bekanntes Gesicht auftaucht. Und nach eigenen Erfahrungen kann ich sagen, dass man da selten lange warten muss. Allerdings kann die Wartezeit lang erscheinen, denn fast alles, womit man sich in westlichen Großstädten die Zeit vertreiben kann, ist nach Ansicht der allgegenwärtigen Security ein Anschlag auf die Bakuer Ordnung und Sauberkeit: Auf der Straße einen gerade bei McDonalds gekauften Kaffee trinken oder ein Eis essen? Einem Straßenmusiker zuhören? Fotografieren? Händchenhalten? Fahrradfahren? Die Wahrscheinlichkeit, dass man gebeten wird, dies bitte sofort zu unterlassen, ist groß.

Wird es dunkel, gehen über dem zentralen Abschnitt der Torgovaya die Kronleuchter an. Hoch über der Straße hängend, geben sie einem nun das Gefühl, nicht mehr unter freiem Himmel, sondern in einem Saal zu sein. Wenn sich gegen Mitternacht die Straßen dann langsam von einheimischen Spaziergängern leeren, tobt in den Seitenstraßen rund um den Platz der Fontänen weiter das Leben der Fremden, der neuen Ölsucher: Hier sind die Clubs und Bars mit übertreuertem Bier und ebensolchen Cocktails, lauter Musik und Frauen, deren Kleidung (oder eher: Nicht-Bekleidung) sich Alis Zeitgenossen vermutlich kaum hätten ausmalen können.

Ebenso wenig wie die riesigen Autos, die zum Statussymbol des neuen Baku geworden sind. Alis „Außenstadt" schrumpft. Ganze Straßen verschwinden und an ihrer Stelle findet man Parks und Malls. Gleichzeitig scheint sie zu wachsen, denn die Renovierungsbegeisterung der aserbaidschanischen Regierung sorgt dafür, dass die schmucklosen Betonfassaden der billigen Plattenbauten im Stadtzentrum mit Schmuckpanelen verkleidet werden, die sie wie aus der Zeit des ersten Ölbooms aussehen lassen. Wie es dahinter aussieht, das ist weniger wichtig, und ebenso unwichtig ist, ob die Bewohner, denen man eine zweite Fassade vor die alte gebaut hat, noch die Fenster öffnen können oder ob die Brandgefahr damit ins Unkalkulierbare steigt. Mindestens ein Hochhausbrand mit mehreren Toten soll schon in einem solchen Spalt zwischen alter und neuer Fassade bereits seinen Anfang genommen haben. Aber das ist egal. Schließlich können die Bewohner froh sein, wenn nicht der ganze Block abgerissen und durch ein Hochhaus des neuen Baku ersetzt wird, in dem sie sich niemals eine Wohnung leisten könnten.

Auf dem Hügel mit dem schönsten Blick über die Bucht, neben den Flame Towers und dem aserbaidschanischen Parlament liegt der Ort, der den Übergang von der sowjetischen Stadt zur neuen Hauptstadt am deutlichsten markiert: die Märtyrerallee. Zu Essad Beys Zeiten gab es hier einen muslimischen Friedhof, der in der Sowjetunion einem Park mit Konzertbühne und einer gigantischen Statue Kirovs weichen musste. Die Statue des Gründers der Transkaukasischen Sowjetrepublik, der von 1921 bis 1936 Aserbaidschan, Armenien und Georgien angehörten, war das Wahrzeichen des sowjetischen Baku. „Es war ein wunderschöner Park", schwärmen alte Bakuer, nur um schnell hinzuzufügen, dass die Umwandlung vom Friedhof zum Vergnügungspark natürlich eine Sünde gewesen sei. Seit 1990 ist das Gelände nun wieder ein Friedhof.

Es war der 20. Januar 1990, ein Datum, das heute noch bei

vielen Bakuern die schlimmsten Erinnerungen weckt. Mitte des Monats, der als „Schwarzer Januar" in die Geschichtsschreibung eingehen sollte, hatten sich nationalistische Demonstrationen in Baku in heftigen Pogromen gegen die in Baku lebenden Armenier entladen. Die Sowjetmacht beschränkte ihr Eingreifen zuerst auf die Evakuierung von Armeniern, die es irgendwie zum Hafen geschafft hatten, über das Kaspische Meer nach Turkmenistan. Nach drei Tagen waren von der ehemals großen armenischen Gemeinde nur noch wenige Mitglieder übrig – es waren vor allem Frauen, die in aserbaidschanisch-armenischen Mischehen lebten, mit ihren Kindern. Ihnen war klar, dass sie auch in Armenien nicht willkommen sein würden. Da die Unruhen anhielten und die Forderungen nach Unabhängigkeit immer lauter wurden, ließ die sowjetische Führung die Armee in die Stadt einrücken. Die Information über eine ab sofort geltende Ausgangssperre in den frühen Morgenstunden erreichte große Teile der Bevölkerung nicht. Als Panzer und Soldaten in die Stadt eindrangen, eröffneten sie das Feuer auf zufällig vorübergehende Passanten wie auch auf einige wenige Verteidiger von Barrikaden. Als gesichert gilt, dass es über 130 Tote gab, nach manchen aserbaidschanischen Quellen sollen es wesentlich mehr gewesen sein. Ein Großteil der Toten wurde einen Tag später im ehemaligen Vergnügungspark bestattet. Auch wenn sich die Stadt zuerst einmal der Macht unterwarf, machte sie klar, dass sie nicht mehr bereit war, sich mit Sonnenblumenkernen und Riesenrädern ruhigstellen zu lassen.

Was mit provisorischen Gräbern begann, ist heute eine lange Reihe schwarzer Grabsteine, auf denen nicht nur Namen und Lebensdaten, sondern – wie oft auf Friedhöfen in Aserbaidschan – auch die Porträts der Begrabenen zu sehen sind. Die Allee mit Grabsteinen auf der einen und Bäumen auf der anderen Seite läuft auf einen Platz zu, auf dem eine ewige Flamme tapfer gegen die heftigen Winde von Baku kämpft. Die ursprünglichen Märtyrer von 1990 sind inzwischen von weiteren umgeben: Auf dem Hügel liegen auch die Gräber von Gefallenen des Karabach-Krieges (1992 bis 1994) sowie zwei Erinnerungsorte an die türkischen und britischen Gefallenen der Kämpfe um Baku im Jahr 1918, als sich britische, russische und türkische Truppen um die Stadt stritten. Das britische Denkmal – etwas versteckt, weil es ja eigentlich die Feinde waren, die gegen die verbündeten Türken kämpften – verdient besondere Beachtung: Unter den braven britischen Namen sind auch die von indischen Gefallenen: Es handelt sich um Inder, die unter britischem Befehl im Kaukasus fielen. Besser kann einem der Begriff „Weltkrieg" (von dem Begriff „Kolonialismus" ganz zu schweigen!) kaum verdeutlicht werden.

Obwohl der Park verschwunden ist, scheinen die meisten, die zwischen den Gräbern spazieren gehen oder auf der niedrigen Mauer sitzen, die den Platz um die „ewige Flamme" umgibt, doch eher zur Erholung als zum Gedenken hier hoch gekommen zu sein: Junge Paare genießen die von Nachbarn und Eltern unbeobachtete Zweisamkeit, Gruppen junger Menschen hören Musik, ältere Menschen gehen spazieren, ohne auf die Gräber zu achten. Alle betonen, dass es hier oben die beste Luft und den schönsten Blick über die Stadt gibt – ach ja, und nicht zu vergessen die inspirierende Nähe der Helden, die fürs Vaterland gestorben sind.

Die weniger patriotische Alternative zur Märtyrerallee in puncto frische Luft, wenn im Sommer die feuchte Hitze zwischen den Häusern steht und das Atmen unmöglich erscheint, ist der Bulvar. Um diese Promenade am Meer anzulegen, wurden im 19. Jahrhundert die Meermauern der Altstadt abgetragen, sodass der Mädchenturm nun am Bulvar steht – mehr oder weniger, schließlich verläuft noch die für Fußgänger lebensgefährliche Neftcilar- (Ölarbeiter-)Straße dazwischen. Bäume und Erde für den Park wurden – wie auch die für die anderen Bakuer Parks – mit dem Schiff aus dem Süden Aserbaidschans in die Bakuer Wüste gebracht. Heute genügen einheimische Bäume schon lange nicht mehr, es müssen exotische sein – zum Beispiel seltene Palmen und Kakteen, von denen manche als Geschenke einzelner Botschaften an Aserbaidschan ausgewiesen sind. Der Bulvar mit Cafés und Restaurants, Kiosks, Karussells und Sitzbänken bietet nicht nur Schatten und mit etwas Glück leichten Wind im Sommer, sondern auch Unterhaltung für alle Altersgruppen und Gesellschaftsschichten ... noch. Denn auch hier ist das neue Baku auf dem Vormarsch und ersetzt Dampferanlegestellen durch Jachtclubs, Parks mit russischen Märchenfiguren durch ein marmorweißes Klein-Venedig mit elektrischen Gondeln und die bezahlbaren Cafés durch Kongressgebäude und Malls. Zu den Orten, um die ich bei jedem Baku-Besuch bange, gehört der Teil, der kurz vor dem alten Hafen liegt und auf dem sich bunte Fahrgeschäfte und Geisterbahnen, Hau-den-Lukas, Kickertische und ein geheimnisvolles 8-D-Kino versammeln, das ich gern als Symbol für Realität, Raum und Zeit in Baku verwende. Wie lange kann sich diese volkstümliche Belustigung wohl noch halten, wenn es nicht mehr am äußersten Ende des Bulvars, sondern in dessen Zentrum liegt? Denn seit 2010 wird der Bulvar immer länger. Zuerst wuchs er nach Süden, um den neuen Fahnenplatz mit der gigantischen aserbaidschanischen Fahne und die Crystal Hall mit dem Rest des Bulvars zu verbinden. Dass dabei einige sowjetische Häuserblocks weichen mussten und die Bewohner an den Stadtrand verdrängt wurden, worüber sogar in die westlichen Medien berichtet wurde, hat in Baku aber kaum jemanden beeindruckt. Dann wurde nach Osten weiter gebaut. Dort verschwanden die Hafenanlagen und Häuser der Schwarzen Stadt, des alten industriellen Zentrums Bakus, unter weißem Granit und Rasenflächen. Denn eigentlich bestand Baku schon zu Essad Beys Zeiten aus drei Städten: Neben der Altstadt und der Außenstadt mit ihren Gründerzeithäusern aus hellem Sandstein, gab es noch die Schwarze Stadt. In Letzterer wohnten die Erdölarbeiter direkt neben den Ölquellen. – Das waren Lebensbedingungen, die völlig außerhalb der Vorstellung von Essad Beys Helden Ali, des Sohnes aus wohlhabendem muslimischem Haus, und seiner Klassenkameraden am russischen Gymnasium in der Außenstadt lagen.

Für mich ist die Schwarze Stadt mit ihrem Gestank und ihren Gefahren, die sowohl von den dort lebenden Arbeitern als auch von den schlechten Arbeitsbedingungen ausgingen, nur noch ein Mythos. Ja, ältere Nachbarinnen erzählten noch davon, warnten inständig davor, dort hinzugehen, als gebe es dort immer noch Ölgruben, in denen ich ertrinken könne, und gesetzlose, halbwilde Arbeiter, die mich auf der Stelle ermorden würden. Tatsächlich sind meine Erinnerungen an die Schwarze Stadt bis 2012 eher idyllisch – so idyllisch wie eine Industriebrache zwischen letzten noch funktionierenden Hafenanlagen, überwucherten Abraumhalden, sumpfigen Tümpeln und kleinen Häusern, die aussahen wie auf den Fotos von 1910, nur sein kann. Dann begann das Projekt „Weiße Stadt". Wolkenkratzer mit blendenden Glasfassaden, Einkaufszentren, in denen es Edelmarken zu kaufen gibt, sterile Straßen und Parks weitgehend auf Betonbasis sind geplant. Oder waren? Der drastische Verfall des Ölpreises seit Beginn des Jahres 2015 hat auch Auswirkungen auf den Aserbaidschanischen Manat, der Währung des Landes, und die Preise für Importprodukte. „Unsere Reichen werden wohl von Maserati auf Mercedes umsteigen müssen", unkt ein junger Wirtschaftswissenschaftler, dem diese Vorstellung sichtlich gefällt. Dementsprechend war das einzige fertige Einkaufszentrum in der Weißen Stadt im Frühjahr 2015 komplett leer. Wer 260 Euro für einen Strampelanzug oder 1500 Euro für ein Hemd ausgibt, tut das vermutlich dann, wenn er sowieso einmal wieder in New York, Paris oder Berlin Wohnungen und Häuser kauft. „Was wir in Baku brauchen, ist einen neuen Marxismus", ergänzt der Wirtschaftswissenschaftler und beweist, dass nicht nur die Kapitalisten im Baku des Jahres 2015 unbeirrt träumen.

Wenn es um den Bulvar geht, ist man sich weitgehend einig, dass der nicht lang genug sein kann. Tatsächlich erlaubt zumindest der neue Teil des Bulvar, der sich bis zur Crystal Hall zieht, Freiheiten, die in Baku ansonsten ungewöhnlich sind: Man kann dort joggen, Fahrrad fahren oder rollerskaten, ohne dass jemand vom allgegenwärtigen Security-Personal einschreitet. Wenn es einen Ort gibt, von einem freieren, demokratischeren Baku zu träumen, so ist es der Bulvar.

Von Dichtern, Sängern und einem verlorenen Land – Karabach

Dort, wo bis 2012 der Bulvar endete und wo die Seilbahn zur Märtyrerallee hinauffährt, wölbt sich eine auffallende, orangefarbene Kuppel. Sie ist Teil eines Kulturzentrums, das einzig und allein der Pflege des Mugham gewidmet ist. Der Mugham ist eine Musikrichtung, die in allen arabisch- und turksprachigen sowie in einigen persischsprachigen Gebieten gespielt wird. Als jemand, die komplett unmusikalisch ist, schalte ich immer ab, wenn mir jemand zu erklären versucht, wie hier bestimmte Modi unter festgelegten Bedingungen durch Improvisation variiert werden. Oder so ähnlich. Ich erkenne Mugham, wenn ich drei Musiker mit den entsprechenden Instrumenten, dem Zupfinstrument Tar, dem Streichinstrument Kamanja und dem Taburin sehe. Diese Grundinstrumente kennenzulernen ist nicht weiter schwer: Sie sind auf dem 1-Kepik-Stück, der kleinsten aserbaidschanischen Münze, sowie auf unzähligen Bildern von Mugham-Trios zu sehen und eben auch in den Formen des auffallenden Gebäudes am Ende des Bulvars. Die Architektur des Mugham-Zentrums greift Elemente der Tar auf. Die orangefarbene Kuppel stellt den Bauch dar, der lange Eingangskorridor, den die Büsten wichtiger Mugham-Musiker säumen, den Hals. Das Zentrum hat einen Konzertsaal für 350 Personen (in dem im Übrigen doch nicht nur Mugham gespielt wird), Übungsräume, Tonstudios und ein Restaurant, ganz zu schweigen von dem hoch gewölbten Foyer mit seinen groß gemusterten schwarz-weißen Wänden und grünen Sofas. Von innen wie außen ist es ein beeindruckendes Gebäude.

Der aserbaidschanische Mugham steht seit 2008, demselben Jahr, in dem das Mugham-Zentrum eröffnet wurde, auf der Liste des Immateriellen Kulturerbes der UNESCO – als einzige der vielen Formen dieser Musik, die nur in Aserbaidschan „Mugham" heißen. In anderen muslimischen Ländern hat die Musikrichtung andere Namen, die aber immer die Konsonanten M-Q/G-M enthalten und lediglich unterschiedlich vokalisiert werden (einen gewissen Wiedererkennungseffekt gibt es also auch für Unmusikalische). Seit 2009 findet in Baku jedes Jahr im März – rund um das persische Neujahrsfest Nowruz, das für viele Aserbaidschaner das wichtigste Fest im Jahr ist – das Internationale Mugham-Festival mit Gruppen aus der ganzen Welt statt. Es ist unübersehbar, dass Mugham eine wichtige Rolle in der heutigen (Kultur-)Politik Aserbaidschans spielt, auch wenn das bei einigen alten Bakuern für Erstaunen sorgt: „Mugham-Festival? Wer geht denn zu so was?!" Meine Aserbaidschanisch-Lehrerin schüttelt den Kopf, als ich ihr von meinen Plänen für den Abend erzähle. Davon hat sie noch nie gehört und sie interessiert sich auch nicht dafür. „Mugham ist so altmodisch. Das ist keine Bakuer Musik. Das ist doch nur etwas für alte Leute und Aserbaidschaner." Alles klar. Das ist dann natürlich keine Veranstaltung für eine fast siebzigjährige Dozentin für aserbaidschanische Literatur. Zumindest nicht, wenn sie Bakuerin ist und ihre Jugend in den legendären Jazzkellern der sowjetischen Stadt verbracht hat, in denen Mugham nur eine Rolle spielte, wenn es von Jazzmusikern entsprechend verändert wurde.

Tatsächlich ist das Publikum beim Auftaktkonzert des Mugham-Festivals wesentlich jünger, als ich es von meinen zwei Besuchen im Jazz-Zentrum kenne. Dafür sieht es aus wie der lebendig gewordene Alptraum meiner alteingesessenen Bakuer Freunde: Junge Männer in schwarzen Lederjacken und Jeans, die mit ihren Smartphones spielen und sich im Foyer des Zentrums ein wenig zu laut für den Anlass auf Aserbaidschanisch unterhalten. Ich sehe schon das Naserümpfen vor mir: Kolchosniki, Bauern, die nicht wissen, wie man sich für ein Konzert anzieht oder in einem Konzertsaal benimmt, die aber jede Gruppe, die heute Abend auftritt, kennen, egal ob sie aus Indien oder Marokko stammt, und was aus ihren Smartphones schallt, sind offensichtlich Mugham-Interpreten aus der ganzen Welt, die sie fachmännisch miteinander vergleichen. Die altmodische Musikrichtung ist offensichtlich in.

Um zu verstehen, was diese jungen Menschen an Mugham fasziniert und was er politisch für Aserbaidschan bedeutet, muss man Baku verlassen und sich auf eine Reise in den Westen des Landes begeben: nach Karabach, wo die schönsten Orchideen, das köstlichste Obst, die tapfersten Soldaten und eben auch die berühmtesten Musiker und Dichter herkommen. Es wird eine imaginäre Reise vom Bakuer Bulvar aus, denn seit dem Waffenstillstand von 1994, durch den Karabach für Aserbaidschan verloren ging, hat kein Aserbaidschaner mehr Karabach betreten, und dieser Verlust ist noch lange nicht verschmerzt.

„Als unsere glorreichen Ahnen, o Khan, dieses Land betraten, um sich einen großen und gefürchteten Namen zu machen, da riefen sie ‚Kará bak!' – Siehe ... da liegt Schnee! Als sie sich aber den Bergen näherten und den Urwald sahen, riefen sie ‚Karabagh!' – Schwarzer Garten! Und seitdem heißt dieses Land Karabagh. Früher aber hieß es Sunik und davor Agwar. Denn du musst wissen, o Khan, wir sind ein sehr altes und berühmtes Land." Mein Wirt, der alte Mustafa, bei dem ich mich in Schuscha eingemietet hatte, schwieg voll Würde. ... „Bei uns geht alles. Geh durch die Straßen und schau, ob jemand arbeitet – fast niemand. Schau, ob jemand traurig ist – niemand! Ob jemand nüchtern ist – niemand! Staune, Herr!" Ich staunte über die köstliche Verlogenheit dieses Volkes. Es gibt keine Geschichte, die sie zur Verherrlichung ihres Landes nicht erfinden würden ...

Ali und Nino

Das Volk, das seine Heimat in solch hohen Tönen besang, bestand aus Armeniern und Aserbaidschanern, Christen und Muslimen, die sich die Bergregion im Westen Aserbaidschans teilten. Kulturelles Zentrum für beide Gruppen war die Stadt Şuşa, die Essad Bey mit Zahlen beschreibt, die mit Vorsicht zu genießen sind: Şuşa liegt nicht 5000, sondern nur 1800 Meter hoch – was auch ganz ordentlich ist –, und wenn man die anderen Angaben, die er macht, um mehr als die Hälfte reduziert, kommt trotzdem noch eine ganz beeindruckende Stadt heraus:

Schuscha war eine wunderliche Stadt. Fünftausend Meter hoch, von Armeniern und Mohammedanern bewohnt, bildete sie seit Jahrhunderten eine Brücke zwischen dem Kaukasus, Persien und der Türkei. Es war eine schöne Stadt, umgeben von Bergen, Wäldern und Flüssen. ... Fünf Tage saß ich nun in Schuscha, wartete auf Ninos Ankunft, ließ mir von früh bis spät erzählen, dass alle reichen, tapferen und sonst wie bedeutenden Menschen von hier stammen, schaute mir den Stadtpark an und zählte die Kirchenkuppeln und Minaretts. Schuscha war offensichtlich eine sehr fromme Stadt. Siebzehn Kirchen und zehn Moscheen waren für 60.000 Einwohner reichlich genug.

Ali und Nino

Bei Essad Bey klingt es nach einem friedlichen Zusammenleben von verschiedenen Sprachen und Religionen. Doch so sehr sich die Bewohner Şuşas in der Verherrlichung ihrer Heimat einig waren, so tief ging auch damals schon der Ärger, dass man die wunderbare Heimat, die als Wiege der eigenen Hochkultur betrachtet wird, mit anderen teilen muss. Alis Sommeridylle fiel schon zu jener Zeit für einen kurzen Moment in tiefen Frieden, der geprägt war von der tief sitzenden Überzeugung, die jeweils anderen hätten kein Recht auf das geteilte Paradies. Die Liste der gewaltsamen Auseinandersetzungen zwischen Armeniern und Muslimen in dieser Region war schon damals lang und keine zehn Jahre vor Alis Besuch, 1905, waren auch in Şuşa mehrere Hundert

Menschen auf beiden Seiten ums Leben gekommen – wobei in diesem Fall die Armenier offensichtlich die Stärkeren waren. Wenige Jahre später, in den Wirren des Ersten Weltkriegs und der Russischen Revolution, waren es dann die Aserbaidschaner, die die armenische Bevölkerung Şuşas dezimierten. Das Paradies hat eine blutige Geschichte und die Feindschaft zwischen Aserbaidschanern und Armeniern erscheint bereits in *Ali und Nino* als Selbstverständlichkeit. Ein Zusammenleben können sich Essad Beys Figuren weder in Baku noch in Karabach wirklich vorstellen. Selbst die Idee eines Nebeneinanders, wie sie der Politiker und Träumer Iliyas am Vorabend der Kämpfe um Baku 1918 seinen Freunden zu vermitteln versucht, scheint schon fast zu viel zu sein.

Die armenische Frage wird sehr einfach gelöst: Die Bataillone, die Lalai aufstellt, wandern nach Armenien aus. Mit den Soldaten ziehen ihre Familien. In einem Jahr gibt es keine Armenier mehr in Baku. Sie haben dann ein Land für sich, und wir haben ein Land für uns. Wir werden einfach zwei Nachbarvölker.

Ali und Nino

Die Pessimisten – oder auch: die Nationalisten und Fanatiker – unter den Freunden, die bereits damals einwandten, es sei schon zu viel Blut geflossen, um ein friedliches Nebeneinander beider Völker zu erlauben, sollten recht behalten: Die Auseinandersetzungen des Jahres 1918 endeten in einer Folge von auf beiden Seiten unvergessenen Pogromen. Der Kampf um ein unabhängiges Aserbaidschan wurde Ende März 1918 von bolschewistischen Truppen, die sich mit Armeniern verbündet hatten, blutig niedergeschlagen. Nach dem Einmarsch türkischer Truppen im September desselben Jahres wurde ein großer Teil der in Baku lebenden Armenier ermordet. Die sich in dieser Zeit bildenden unabhängigen Republiken Aserbaidschan und Armenien begannen eine militärische Auseinandersetzung um Karabach, in deren Verlauf es auch zu den erwähnten Pogromen in Şuşa, der bis dahin so gemischten Stadt, kam.

Spätestens mit der Eroberung des Südkaukasus durch die russische Armee 1920 war das Thema „zwei unabhängig nebeneinander lebende Nachbarvölker" erst einmal vom Tisch. Mit der endgültigen Zuordnung von Bergkarabach zu Aserbaidschan, ungeachtet der Tatsache, dass der größte Teil der Bevölkerung aus Armeniern bestand, wurde der Konflikt gleichzeitig auf eine ganz neue Stufe gehoben. Wie sich die aserbaidschanische Oberhoheit auf die Situation der Armenier in Karabach auswirkte, ist heute wohl nicht mehr feststellbar. „Wir hatten nie Probleme mit unseren armenischen Nachbarn. Meine beste Freundin war Armenierin. Ein Jahr war sie Klassenbeste, ein Jahr ich", erzählte eine aus Şuşa stammende aserbaidschanische Kollegin. „Egal wie gut ein Armenier war, er hatte nie die Chancen wie die Aserbaidschaner. Immer musste ein Aserbaidschaner der Beste sein", erklärt ein armenischer Interviewpartner. Die Wahrheit wird wohl irgendwo in der Mitte liegen. Sicher ist, dass sich Armenier, sowohl in Karabach als auch in Armenien, nie mit dem als ungerecht empfundenen Verlust abfanden. Es dauerte fünfzig Jahre, bis der Streit eskalierte, und dann waren es gerade der beginnende Verfall der Sowjetunion und die Aussicht, in absehbarer Zeit „einfach zwei Nachbarvölker" zu sein, die den Streit anheizten – schließlich bedeutet „zwei Nachbarvölker zu sein" nicht automatisch auch, dass man friedlich nebeneinander leben kann.

Schon 1988 schien Moskau vom Südkaukasus sehr weit entfernt zu sein. Ob Aserbaidschan Armenien wegen der fortgesetzten Demonstrationen die Ölpipelines sperrte oder ob Armenien Karabach als Teil der Armenischen Sowjetrepublik in den eigenen Budgetplan integrierte – hier hatten zwei Unionsrepubliken, die eigentlich einer gemeinsamen Oberverwaltung unterstanden, ihre Kompetenzen offensichtlich sehr weit ausgelegt und niemand schien sich – zumindest bis zum Januar 1990, als in Baku die Zugehörigkeit zur Sowjetunion unmittelbar herausgefordert wurde – daran zu stören.

Dies muss ungefähr zu jener Zeit gewesen sein, als ich – und ein großer Teil der Berliner Bevölkerung – das erste Mal von Karabach hörten: In der Berliner U-Bahn tauchten in diesen Jahren Aufkleber mit Slogans wie „Freiheit für Bergkarabach" und „Bergkarabach ist unser!" auf. „Sicher, sicher, Freiheit für alle", dachten die West-Berliner, „aber ‚unser'?" Man war doch gerade erst dabei, sich daran zu gewöhnen, dass die Museumsinsel wieder „unsere" war. Karabach – wo immer es liegen mochte – war kein Thema.

Mit der Unabhängigkeit Aserbaidschans und Armeniens 1991 wurde aus dem bis dahin mit Worten und gegenseitiger Vertreibung der jeweils anderen ausgetragenen Konflikt ein Krieg in und um Karabach, der für keinen Südkaukasier unerwartet kam, aber von der Welt fast so vollständig ignoriert wurde, wie die Aufkleber in der Berliner U-Bahn.

Die Ignoranz des Westens lässt sich durch das völlige Desinteresse an diesem Raum allgemein erklären, aber vielleicht auch durch die Tatsache, dass der Karabach-Konflikt jeder Logik widerspricht, mit der Kriege in Deutschland häufig erklärt werden: Nein, es gibt kein Öl in Karabach. Auch kein Gold, kein Uran und keine sonstigen Bodenschätze. Es kämpften auch keine zwei Völker gegeneinander, denn die einfachen Soldaten wussten nicht, auf wen sie da tatsächlich schossen. Die meisten waren sich durchaus bewusst, dass auf der anderen Seite der Front Mitschüler, Nachbarn, Kollegen, Spielgefährten aus Kindertagen am Bulvar in Baku oder den Sommerlagern in den Bergen lagen. Sie meinten es nicht unbedingt persönlich, hielten es aber nun mal für notwendig, das so wichtige Land zu verteidigen. „Ich habe nichts gegen Armenier, ich hatte immer armenische Freunde. Das ist einfach Politik", ist ein Standardsatz älterer Aserbaidschaner, die tatsächlich noch mit Armeniern gelebt haben, und es klingt, als würden sie es wirklich glauben.

Auf der Route meiner imaginären Rundreise durch Karabach stehen drei Orte, die für Aserbaidschan zu besonderen Symbolen der Vertreibung und Gewalt wurden: natürlich Şuşa, außerdem Xocalı und Ağdam. Folgt man der historischen Reihenfolge, in der diese Orte an Bedeutung gewannen, beginnt man mit Xocalı, einer Kleinstadt, in der am 25. Februar 1992, armenische (und wohl auch russische: Was auch immer die da verloren hatten?!) Einheiten ein Massaker an der aserbaidschanischen Bevölkerung verübten. Die Zahl der Toten betrug 613, darunter waren 106 Frauen und 83 Kinder, wie von aserbaidschanischer Seite in den letzten Jahren, nicht nur auf Veranstaltungen und in Publikationen, sondern auch auf Plakatwänden in amerikanischen Großstädten sowie Gedenkstätten in Aserbaidschan und im Ausland immer wieder betont wurde. Der „Genozid von Xocalı" ist das Ereignis, mit dem Aserbaidschan am vehementesten die Grausamkeit Armeniens anklagt und das Recht auf Karabach international einklagt. Dabei fällt niemandem mehr auf, dass die Zahl der Toten nicht der demografischen Normalverteilung eines kaukasischen Dorfes entspricht. So makaber es ist: Hätten die Armenier, wie von aserbaidschanischer Seite dargestellt, in einem zufällig ausgewählten Dorf alle Zivilisten ermordet, wären wohl kaum über zwei Drittel der Ermordeten erwachsene Männer gewesen. Aber im Kampf der Worte reicht „Kriegsverbrechen" heute nicht mehr aus, es muss „Genozid" sein.

Şuşa fiel nur wenige Monate später, im Mai 1992, an die armenischen Truppen. Wie unerwartet dies für die aserbaidschanische Bevölkerung kam, zeigt sich in der Geschichte einer Bekannten, die noch einen Monat zuvor ihre im Sterben liegende Mutter mit einem Hubschrauber nach Şuşa hatte zurückbringen lassen, um ihr ihren sehnlichsten Wunsch zu erfüllen: Sie wollte bei den bereits Verstorbenen ihrer Familie beerdigt werden. Meine Bekannte sah die Gefahr schlechter medizinischer Versorgung, sie erwartete Schuldgefühle – stellte sich aber vor, dass in Baku die letzten Wochen für ihre Mutter leichter sein würden –, allerdings hatte sie keinen Augenblick daran gedacht, dass es den Friedhof wenige Wochen später nicht mehr geben würde.

Die gegenseitige Zerstörung von Friedhöfen wird von vielen Vertriebenen auf beiden Seiten als einer der schlimmsten Angriffe empfunden. Politisch mag es „nur" darum gehen, die geschichtliche Präsenz der jeweils anderen auszulöschen, um ein für alle Mal klarzustellen, dass man dieses Land nie miteinander geteilt habe und deshalb auch nie wieder zu teilen brauche. Emotional ist für viele Betroffene der Verlust des Familiengrabs schlimmer als der Verlust des eigenen Hauses, das zumindest theoretisch ersetzbar ist.

Şuşa verlor den größten Teil seiner Bevölkerung und nach Ende des Krieges konzentrierte sich die armenische Aufbauhilfe vor allem auf die Stadt Stepanakert, die schon zu Sowjetzeiten das Verwaltungszentrum der Autonomen Republik Karabach gewesen war und nun zur Hauptstadt der Republik Bergkarabach werden sollte. Denn Karabach ist aus armenischer Sicht nicht einfach zurückerobertes Staatsgebiet, es ist ein selbstständiges Land mit eigener Hauptstadt, eigenem Staatsoberhaupt und Parlament. Allerdings sieht nur Armenien das so: Völkerrechtlich und für alle anderen Staaten der Vereinten Nationen ist Karabach nach wie vor Teil Aserbaidschans. Anerkennung erfährt es nur von Staaten mit ähnlichem Schicksal, mit denen es die „Gemeinschaft nicht-anerkannter Staaten" bildet: Abchasien, Südossetien und Transnistrien.

Ağdam liegt genau genommen nicht in Karabach, sondern in einer der viel zitierten „sieben Provinzen" von Aserbaidschan, die Armenien als Sicherheitszone um Karabach besetzt hält und die praktisch entvölkert sind. Aserbaidschaner dürfen hier nicht mehr leben, und auch Armenier sind wenig motiviert, sich in einer Region niederzulassen, die selbst sie nicht ernsthaft als ihre eigene betrachten. Die besetzten Provinzen sind Verfügungsmasse in einem Spiel, in dem sich seit über zwanzig Jahren nichts bewegt: Armenien verlangt die Anerkennung Karabachs durch Aserbaidschan, bevor es sich zurückzieht, Aserbaidschan verlangt den Rückzug, bevor über die Zukunft Karabachs gesprochen werden kann.

Die wenigen Fotos von Ağdam zeigen eine vollkommen zerbombte Stadt, in der es außer den immer weiter wuchernden Bäumen kein Leben mehr zu geben scheint. Abgesehen von dem Symbolwert, den die Ruinen „des aserbaidschanischen Hiroshima", wie es manchmal betitelt wird, haben, war Ağdam seit Ende der 1940er-Jahre die wichtigste Heimat der Karabach-Pferde, die schon zu Alis Zeiten eine Legende waren.

Da holte sein Pferd zu einem gewaltigen Sprung aus, über den Berg, über die Felsen, über die ganze Stadt Schuscha hinweg. Als ich einige Bedenken über die Möglichkeit dieses Sprunges äußerte, sagten sie entrüstet: „Aber Herr, es war doch ein Pferd aus Karabagh!" Und dann erzählten sie mir die Sage vom karabaghschen Pferd: Alles in ihrem Land sei schön. Am schönsten aber sei das Pferd von Karabagh, jenes berühmte Pferd, für das Aga Mohammed, Shah von Persien, seinen ganzen Harem abgeben wollte. (Wussten meine Freunde, dass Aga Mohammed ein Eunuch war?) Dieses Pferd war beinahe heilig. Jahrhundertelang hatten die Weisen gegrübelt und gepaart, bevor dieses Wunder der Zucht geboren war: das beste Pferd der Welt, das berühmte rotgelbe Edeltier aus Karabagh.

Ali und Nino

Die Begeisterung für das wunderbare Tier konnte nicht verhindern, dass es bereits Anfang des 20. Jahrhunderts durch die Unruhen in der Region weitgehend ausgestorben oder zumindest durch zahlreiche Einkreuzungen nicht mehr reinblütig war. Schon Ali wird erzählt, es gebe nur noch sechs echte Karabach-Pferde. Die sowjetische Regierung begann nach dem Zweiten Weltkrieg mit einer Wiederbelebung der Zucht in einem Gestüt nahe Ağdam. Heute werden die letzten mehr oder weniger reinblütigen Pferde, die aus Ağdam gerettet werden konnten, im Norden Aserbaidschans zur Zucht gehalten. Aus dem Internet lerne ich, dass der Bayrische Zuchtpferdeverband eine mit dem Ursprungszuchtgebiet nicht abgesprochene Zuchtzielbeschreibung entworfen hat. (Warum die Absprache kaum möglich ist, ist klar, nicht aber, was die Bayern geritten hat, hier überhaupt aktiv zu werden.)

Klarer und ganz offensichtlich von aserbaidschanischer Seite von dem Wunsch beseelt, den moralischen Anspruch auf Karabach weiter auszubauen, ist die Aufnahme des Reitspiels Chovkan auf die Liste des „dringend erhaltensbedürftigen immateriellen Kulturerbes" 2013. Chovkan wird – dem Mugham gar nicht so unähnlich – unter verschiedenen Namen in vielen zentralasiatischen Ländern gespielt. In seiner besonderen Beziehung zum Karabach-Pferd bekommt es nun einen Platz in der aserbaidschanischen Kulturpolitik – und vielleicht wird es bald ein Chovkan-Stadion in Baku geben. Bis dahin müssen sich die Vertriebenen aus Karabach und ihre Kinder mit Mugham als kulturelle Heimat zufriedengeben.

„Der beste Mugham kam schon immer aus Şuşa", erklärt mir einer der jungen Männer, der mit seinen Freunden im Vorraum des Mugham-Zentrums Musik hört und stolz ist, endlich einmal Englisch sprechen zu können. „Genau wie wir. Es ist unsere Musik, unser Zuhause. Wir verstehen sie, ohne dass man etwas erklären muss. Wenn wir sie hören, sind wir zu Hause." Ich schätze den stolzen Träger der alten aserbaidschanischen Kultur aus Karabach auf ungefähr achtzehn Jahre, was im Jahr 2012 seine reale Verbindung zu Şuşa auf (bestenfalls) einen Eintrag in seiner Geburtsurkunde und ein paar Fotos, die seine Eltern (auch hier: bestenfalls!) gerettet haben mögen, reduziert. Als „Flüchtling" darf man ihn und seine Familie aber nicht bezeichnen: Sie sind IDPs – Internally Displaced Persons, Menschen, die im eigenen Land vertrieben worden sind. Der Unterschied ist entscheidend: „Flüchtlinge", das sind die wenigen Aserbaidschaner, die direkt aus Armenien kamen und aus diesem Grund auch niemals zurückkehren können. Viele dieser Flüchtlinge sind bereits Ende der 1980er-Jahre nach Aserbaidschan gekommen – oft im direkten, privat organisierten Austausch von Wohnungen mit Armeniern, die Aserbaidschan verlassen wollten. Ganze Dörfer tauschten so Häuser, Arbeitsstellen und die Grabpflege auf den jeweiligen Friedhöfen.

Für die über eine Million IDPs sieht die Situation allerdings anders aus. So wohnt auch die Familie des jungen Mugham-Liebhabers immer noch in einem Zimmer in einem ehemaligen Studentenwohnheim, in dem die Eltern Mitte der 1990er-Jahre untergebracht worden waren. Vermutlich dürfen sie nach fast zwanzig Jahren immer noch nicht den Bürgermeister von Baku wählen, sondern immer noch den von Şuşa, denn das Kommunale Wahlrecht sieht für IDPs nur ein Wahlrecht in ihren Herkunftskommunen vor. Vermutlich war der junge Mann auch auf einer speziellen Şuşa-Schule, die nur Kinder von IDPs besuchen, sorgsam getrennt von den Bakuer Kindern. Kein Wunder, dass er das Gefühl hat, eher in Şuşa zu Hause zu sein als in Baku – auch wenn ich annehme, dass er die Annehmlichkeiten der Großstadt (inklusive Mugham-Zentrum) spätestens dann zu schätzen wüsste, wenn ein Wunder der Weltpolitik ihn tatsächlich wieder in die Karabacher Kleinstadt verschlagen würde. Auch wenn dieses Wunder nach dem aktuellen Stand (Winter 2015/16) höchst unwahrscheinlich ist: Der junge Mann hat allen Grund, sich nicht als Bakuer anerkannt zu fühlen. Da scheint es nur natürlich, sich in die kulturelle Hochburg Karabachs zurückzusehnen, wo man auch kein Mugham-Zentrum braucht – schließlich würde Mugham dann überall sein. Ebenso wie die Orchideen, das beste Essen und die goldenen Pferde, die schneller sind als jedes Auto. Dass die Verklärung des verlorenen Paradieses und die fehlende Integration der IDPs der beste Garant für die aserbaidschanische Regierung ist, um den Anspruch auf Karabach und die Wut in der Bevölkerung über die Okkupation am Leben zu halten, ist offensichtlich. Ein Verzicht auf Karabach ist undenkbar. Selbst die Aserbaidschaner, die für einen Frieden mit Armenien eintreten, tun dies nur unter der Bedingung, dass Karabach wieder zu Aserbaidschan gehört. Dann könne man dort auch wieder so wunderbar friedlich mit Armeniern leben, wie man es immer getan habe. So schön ihre Vorstellungen klingen, so verständlich scheint mir das oft fassungslose Kopfschütteln anderer Aserbaidschaner über solche Träumer.

„Man muss verstehen: Karabach ist für uns nicht der Sinai, auf den wir notfalls verzichten könnten. Es ist der Tempelberg", erklärte ein Botschaftsvertreter einmal auf einer Konferenz zum Thema „Karabach-Konflikt" in Deutschland, und es ist bezeichnend, dass ich mich nicht mehr daran erinnern kann, ob er Armenier oder Aserbaidschaner war. In diesem Punkt waren und sind sich beide Gruppen einig: Karabach ist das Zentrum ihrer Kultur. Was für die armenische Seite die ältesten Steinkreuze sind, ist für die aserbaidschanische Mugham. Das macht ihn zu weit mehr als einem Musikgeschmack, über den man streiten könnte.

Khane, Öl und Feueranbeter – Die Halbinsel Abşeron

Irgendwann helfen auch der Bulvar, das Meer und die imaginären Reisen in verlorene Paradiese nicht mehr: Bei aller Liebe zu Baku mit seinen überfüllten Straßen, seinen belebten Parks und seinem ständigen Wandel, untermalt von dem dazugehörigen Baulärm: ich will raus! Wenigstens für einen Tag. Die Chancen, schnell mal aus der Stadt in ländliche, idyllische Umgebung zu kommen, stehen angesichts der Umgebung von Baku schlecht. Die Halbinsel Abşeron, die weit ins Kaspische Meer hineinragt, ist karg und trocken. Hier finden vor allem Wüstenfreunde wie Ali ihr ideales Zuhause.

Die Wüste ist wie die Pforte zu einer geheimnisvollen und unfassbaren Welt. Staub und Geröll wirbeln unter den Hufen meines Pferdes. ... Ich höre das Sausen des Wüstenwindes. Ich jage dahin, aufgelöst in der Unendlichkeit des grauen Sandes.

Ali und Nino

Es ist nun nicht so, dass ich die Wüste nicht mag, aber ich verbinde mit ihr doch wie viele andere vor allem Einsamkeit und Weite, und beides ist inzwischen in der Umgebung von Baku wenig zu finden. Die Stadt hat sich weit ausgedehnt und dabei die umliegenden Kleinstädte geschluckt; endlos ziehen sich Häuser, Industrieanlagen und Märkte entlang der Ausfallstraßen in die Wüste hinein. Außerdem ist das Öl allgegenwärtig. Während es in Baku nach dem Verschwinden der Schwarzen Stadt heute vor allem in seiner Umsetzung in Prunk zu sehen ist, ist es auf Abşeron noch immer vor allem in der hässlichen Industrieform präsent: Ölpumpen, Ölfördertürme, Ölrohre und Öltümpel. Muss man einmal gesehen haben, ist aber wenig erholungstauglich. Oder vielleicht doch?

Öltürme gestalten das schönste Industriegelände der Welt. Ohne Qualm, ohne die verpestete Luft, die sonst allen Fabriken und Minen der Welt eigen sind. Hunderte von schlanken Türmen, dicht aneinanderstehend, erinnern an einen fantastischen Märchenwald. In Aserbaidschan behauptet man, dass die Ölfelder und die Ölluft vor allem zur Heilung von Lungenkrankheiten geeignet seien. Ein menschenfreundlich gesinnter Ölbesitzer wollte sogar dicht an seinen Türmen ein Sanatorium für Lungenkranke errichten lassen. Ich weiß nicht, ob die Ölluft tatsächlich so gesund ist, behaupte aber, dass der Geruch des Rohöls im Unterschied zu dem von Petroleum, Benzin und Maschinenöl tatsächlich merklich erfrischt.

Aus „Die Ölfelder",
in *Öl und Blut im Orient*

Es klingt wie eine der verrückteren Geschichten, die Essad Bey erzählt – nicht dass man im heutigen Baku wirklich beurteilen kann, wie sich Rohöl auf die Gesundheit auswirkt, schließlich überlagert der Geruch von Benzin, Abgasen und Staub von den vielen Baustellen alles andere. Aber es gibt tatsächlich zwischen den Ölfeldern von Abşeron Sanatorien, die für ihre Ölbäder und ihre gute Luft berühmt sind. Das bedeutendste befindet sich in Mərdəkən, die Stadt, die auch in *Ali und Nino* eine bedeutende Rolle spielt als der Ort, an dem Ali und seine Freunde schließlich Ninos Entführer auf einem Melonenfeld einholen. Ali auf einem der wunderbaren Pferde aus Karabach, der Entführer im Auto. Damals waren die Straßen so schlecht, dass Pferde Autos überlegen waren. Heute sind die Straßen auf Abşeron besser (wenn auch nicht immer gut), dafür stünden Brauträuber dieser Tage vermutlich im Stau, sodass Pferde zu wählen wieder eine gute Idee zu sein scheint. Obwohl mir Bakuer Freunde versichern, dass es natürlich noch Gärten und Melonenfelder auf Abşeron gebe, zeigt der Blick aus dem Autofenster doch vor allem Ölfelder und Wohnanlagen in den verschiedensten Stadien der Fertigstellung. Wer Geld hat, kauft eine Villa in einer der neuen umzäunten Wohnanlagen, die mit Swimmingpools und anderen Annehmlichkeiten werben. Gärten und Obsthaine gehören da ganz offensichtlich nicht ins Konzept, oder wenn, dann nur hinter hohen Mauern, die keinen Einblick erlauben.

Ganz neu scheint auch diese Entwicklung nicht zu sein, denn als wir endlich in Mərdəkən ankommen, sehen wir wieder Wochenendhäuser von Bakus oberen Zehntausend mit hohen Zäunen und Mauern, die seit Beginn des 19. Jahrhunderts hier entstanden sind. Aus dem Reiseführer erfahren wir, dass Taghiyev hier eine Villa hatte, in der er 1924 starb, dass einer der Parks eine legendäre Sammlung von einheimischen und fremden Bäumen umfasst und dass der berühmte russische Dichter Jessenin hier in einem Gartenhaus seine „Persischen Gedichte" geschrieben haben soll. Die Legende besagt, man habe ihm bei seiner Ankunft in Baku, bei der er hoffnungslos betrunken gewesen sei, erklärt, er sei bereits in Persien. Daraufhin habe er sich zufrieden in Mərdəkən niedergelassen – eine Geschichte, wie Essad Bey sie erzählt haben könnte. Wir aber können nur feststellen, dass die Gärten, durch verschiedene Lücken in den Zäunen betrachtet, tatsächlich paradiesisch wirken. Vor allem, wenn man selbst eher ziellos auf der Suche nach etwas zu essen und trinken durch die Straßen irrt. Dafür entdecken wir auf unseren Streifzügen auch die berühmte kleine Moschee des Pir Hasan, in der angeblich Hilfesuchenden Flaschen über dem Kopf zerschlagen werden, um sie von Nervenleiden zu heilen. (Nicht fragen, nur wundern!) Die fürs Flaschenzertrümmern zuständige Person war aber auch gerade nicht anwesend und vermutlich hatten sich deshalb auch die auf Heilung wartenden Gläubigen zerstreut. Schade, aber wir wären sowieso mehr an gefüllten Wasserflaschen interessiert gewesen.

Viel belebter und interessanter ist ein anderer sehr beliebter Pilgerort nahe Mərdəkən, das Grabmal Mir Mövsüms – eine weitere Besonderheit Abşerons, an der Essad Bey seinen Spaß gehabt hätte, hätte es sie zu seiner Zeit schon gegeben. Zwar wurde der Mann, der hier verehrt wird, schon fast zwanzig Jahre vor Essad Bey in der Nähe von Baku geboren, aber er starb erst 1950 und sein Grab wurde dementsprechend später zur Pilgerstätte. Sein verhältnismäßig langes Leben ist umso erstaunlicher, als seine Qualifikation zum Heiligen vor allem in seiner ungewöhnlichen Behinderung bestanden zu haben scheint. Der „Knochenlose" soll nur aus Fleisch ohne Skelett und Muskeln bestanden haben und er konnte sich selbst wohl nicht bewegen, weswegen er sein Leben in einem Sessel verbracht haben soll. Wer ihn besuchte, konnte mit der baldigen Erfüllung eines Herzenswunsches rechnen. Die Wunder nahmen auch nach seinem Tod kein Ende, und so umschreiten Hilfesuchende bis heute dreimal sein Grab, das sich mittlerweile in einer verblüffend großen Moschee befindet. Hoch wölbt sich eine blaue Kuppel, die an zentralasiatische Moscheen erinnert, und Eingang und Innenraum sind mit vielen kleinen Spiegelscherben geschmückt wie bei vielen iranischen Moscheen. Offensichtlich haben sich hier schiitische und türkische Einflüsse vermischt. Wessen Wunsch sich erfüllt hat, der kommt mit Süßigkeiten zurück, die an andere Pilger verteilt werden. Auch wir bekommen Bonbons, Sesamkekse und den Rat, nicht um irgendeinen Ehemann zu bitten, sondern um einen guten. Wir bedanken uns für den Hinweis, denn tatsächlich: Die Nicht-Beachtung solcher Feinheiten kann die Sache mit dem Wünschen ziemlich gefährlich werden lassen.

Neben der Moschee erfüllt sich auch mein Wunsch nach ein bisschen Landleben. In engen Pferchen drängen sich Schafe, über denen ein großes Schild „Frisches Fleisch" anbietet. Man kann sie auch gleich an der Moschee schlachten lassen. Meine Begleitung beschließt, an diesem Tag vegetarisch zu essen, und ich schließe mich an – wenn auch unter Protest, als ich feststellen muss, dass die einzige Alternative zu Schaschlik Pommes und panierte Krabben im nahen McDonalds sind. Nun, der Raum ist immerhin klimatisiert und Globalisierung und Moderne haben auf Abşeron schließlich auch Tradition.

> *Das Ölgebiet Aserbaidschan ist die fortschrittlichste Gegend des ganzen Orients. Sie weist alle Bestandteile einer europäischen Großindustrie auf: Dieselmotoren, Autos, elektrisches Licht, unzählige Maschinen und die Arbeiterfrage. Hier, in dieser hypermodernen Welt zwischen Öltanks und Öltürmen, hat sich das merkwürdigste Symbol des alten Aserbaidschan erhalten, der geheimnisvolle Tempel Zarathustras ... Auch heute ist das heilige Feuer nicht erloschen, auch heute strömen Ölgase aus der heiligen Erde und werden so lange unter der alten Kuppel brennen, bis der letzte Tropfen Öl dem Boden entrissen ist.*
>
> Aus „Zarathustras letzter Tempel",
> in *Öl und Blut im Orient*

Es liegt nahe, dass die Umgebung von Baku mit ihren natürlichen Feuern, die dadurch entstehen, dass Erdgas aus dem Boden strömt und sich selbst entzündet, von einer Religion, in der das Feuer eine entscheidende Rolle spielte, als heiliger Ort angesehen wurde. Seit wann Zarathustrier aus Persien und sogar Indien nach Abşeron kamen, um hier das Feuer zu verehren, ist unklar. Auch wann genau der Tempel, der Ateşgah, in seiner heutigen Form erbaut wurde, verschwimmt in der Zeit, und wie der Mädchenturm scheint auch er bei jedem meiner Besuche in den letzten Jahren um ein paar Jahrhunderte gealtert zu sein. Auf jeden Fall sieht er noch genauso aus wie auf den Fotos aus dem 19. Jahrhundert, als er zur exotischsten Sehenswürdigkeit Abşerons für ausländische Besucher aufstieg: Eine typische Karawanserei aus Backstein mit hohen, bis auf kleine Löcher glatten Mauern nach außen und einem Hof, von dem einzelne Kammern nach innen abgehen. Das eigentliche Heiligtum ist ein quadratisches Gebäude mit mächtigen Eckpfeilern, die eine kleine Kuppel tragen, unter der das ewige Feuer gebrannt hat – ja, gebrannt hat, denn obwohl noch nicht der letzte Tropfen Öl in Abşeron gefördert worden ist, ist das Erdgas in der Umgebung versiegt. Heute ist die heilige Flamme ganz prosaisch an die Bakuer Gasleitung angeschlossen und kann für besondere Besucher entzündet werden wie jeder beliebige Gasherd. Ein Umstand, der – entgegen Essad Beys Aussage – offensichtlich schon im späten 19. Jahrhundert von Besuchern als etwas unromantisch beklagt wurde. Dafür schlugen in dieser Zeit, wie auf alten Fotos zu sehen ist, auch noch Flammen aus vier Türmchen auf dem Dach des Heiligtums und einer Feuerstelle daneben. Da wir nicht zu den besonderen Besuchern gehören, für die man heute das Gas anmacht, müssen wir uns mit der etwas verstaubten Ausstellung in den Kammern um das Heiligtum herum begnügen. Lebensgroße Puppen zeigen indische Kaufleute und Priester, die miteinander handeln oder Obst in Erdspalten mit Feuer werfen, aber die Informationen bleiben doch etwas dürftig. Das einzige noch erhaltene Zeugnis der indischen Präsenz ist eine eingemauerte Steintafel mit Buchstaben in Sanskrit. Schade, dass offensichtlich keiner weiß, was da geschrieben steht.

An einer anderen Stelle auf Abşeron strömen die Ölgase allerdings tatsächlich noch aus der Erde und verbrennen in einem natürlichen ewigen Feuer an der Oberfläche, an dem auch Zarathustrier ihre helle Freude haben würden: Yanar Dağ, brennender Berg, heißt die Stelle, und Essad Bey erwähnt sie nicht, denn der Hirte, der für den Brand verantwortlich sein soll, warf seine Zigarette erst im Jahr 1958 versehentlich auf die Erdgasquelle.

Direkt neben dem brennenden Berg befindet sich ein Teehaus, das die Ehre hat, in mehreren Reiseführern und -berichten mit einer Variation des unschönen Attributs „sowjetischer Service" bedacht zu sein. Ich fühle immer sehr viel westliche Arroganz in diesem Begriff und kann ihn deshalb nicht leiden, aber selbst mir fiel nach einer halbstündigen Wartezeit, an deren Ende die Nachricht, man habe gerade kein Wasser, stand, dann doch auch nichts anderes mehr ein.

Also weiter über die Halbinsel, deren Ölfelder heute so aussehen, als seien sie, seit Essad Bey ihnen „Hypermodernität" bescheinigt hat, tatsächlich nicht mehr modernisiert worden: eine zerklüftete Landschaft mit stetig auf und nieder wippenden Ölpumpen und halb in den Boden eingegrabenen Leitungen. Die Faszination, die sie heute ausüben, ist das Gegenteil von der vor hundert Jahren: Man fragt sich, wie es sich überhaupt noch lohnen kann, auf diese Weise den immer noch begehrtesten Rohstoff der Welt zu fördern. Aber das muss es wohl, denn als Touristenattraktion kann es angesichts der Größe und der wenigen Touristen kaum gedacht sein. Dennoch hilft mir der Anblick, mir die Bedingungen auf den Ölfeldern um 1900 vorzustellen, als der Reichtum auf brutalster Ausbeutung von türkischsprachigen Bauern und russischen Arbeitern beruhte. Auch Essad Bey gibt zu, dass sein wunderbar modernes Industriegelände mit der guten Luft noch eine andere Seite hatte:

Allerdings waren die Lebensbedingungen auf den Ölfeldern Bakus mit nichts auf der Welt zu vergleichen. Die Tausende und Abertausende von Arbeitern lebten in feuchten, unbeleuchteten, dunklen, fantastisch schmutzigen Baracken, wo sie zu je drei auf einer schmalen, unbedeckten Holzpritsche schliefen. ... Mehrmals am Tag musste ... jemand von den Arbeitern, in einem einfachen Eimer sitzend, in das Bohrloch hinabtauchen, was neunzig Prozent Todesgefahr bedeutet. Oft wurde der Eimer ohne den Arbeiter emporgeholt, der, von Gasen erstickt, im Öl versunken war. ... Der Unterschied zwischen einem Zuchthaus und einem Ölfeld war also nur der, dass in einem Zuchthaus das Essen wahrscheinlich genießbarer ist.

Aus „Die Ölfelder"
in *Öl und Blut im Orient*

Kein Wunder, dass zumindest unter den russischsprachigen Arbeitern das Interesse an den Versprechungen der Revolutionäre wuchs, die auf den Ölfeldern gegen den Zaren und das gesamte Großkapital agitierten. Der junge Stalin, damals noch mit dem schönen georgischen Namen Josef Dschughaschwili, war hier, wie bereits erwähnt, ebenfalls aktiv. Die miserablen Lebensbedingungen in der Stadt machten auch vor seiner Familie nicht halt: Seine erste Frau starb und sein erster Sohn wuchs von da an bei Verwandten auf, da der Vater durch seine politische Arbeit ständig unterwegs war – vor allem auf der Deportation in oder der Flucht aus sibirischen Gefängnissen. Ob er allerdings tatsächlich in Baku eine Zeitung herausgab, ist ungewiss. Selbst Stalin-Biografen zitieren für diese Behauptung, wenn sie es überhaupt erwähnen, die Stelle bei Essad Bey:

Die Zeitung hieß „Der Arbeiter von Baku" und ihr Chefredakteur war ein Georgier, ein ehemaliger Priesterschüler, Schustersohn aus Tiflis, der damals erst kürzlich aus dem sibirischen Zuchthaus entflohen war.

Aus „Die Ölfelder",
in *Öl und Blut im Orient*

In eine nicht genauer datierte Frühzeit vor dem Ölboom, als Abşeron noch vor allem Wüste war und man Öl allenfalls für Lampen verwendete, soll man sich im Freiluftmuseum in Qala zurückversetzt fühlen. Zu diesem Zweck wurden zahlreiche archäologische Funde von ganz Abşeron auf dem Ausgrabungsgelände eines alten Ortes zusammengetragen und das Ganze durch „ethnografische Vorführungen" ergänzt. Zwischen akkurat geschnittenen Rasenflächen stehen Steine mit Zeichnungen wie aus grauer Vorzeit, polierte Vitrinen mit Keramik aus drei Jahrtausenden, Häuser, in denen man sehen kann, wie im Mittelalter Getreide gemahlen und Brot gebacken wurde, und schließlich ein

Zelt, ein paar Kamele und Pferde. Ein bisschen Seidenstraßenromantik und Träume vom Nomadenleben müssen schon sein.

Nicht weit vom Freilichtmuseum entfernt ragt ein Neubau empor – nein, ausnahmsweise nicht aus Stahl und Glas, sondern aus fest zusammengefügten Steinen, ohne Fenster, mit der Statue eines martialischen Kriegers vor dem Tor: eine mittelalterliche Burg. Ehrlich: Bei meinem ersten Besuch in Qala war die noch nicht da. Also zumindest nicht so. Burgen zu restaurieren (oder eher zu rekonstruieren) scheint eine weitere beliebte Methode zu sein, die Macht und Größe vergangener Tage wieder fassbar zu machen. In diesem Fall die großen Tage, als Abşeron zum Reich der Şirvanşahs gehörte, die vom 9. bis zum 16. Jahrhundert im Gebiet des heutigen Aserbaidschan und in Dagestan regierten. Der Familie, aus der auch Essad Beys Held Ali stammt, gelang es, fast acht Jahrhunderte in einem zwar etwas abgelegenen, aber doch von kriegerischen Großmächten umgebenen Gebiet zu herrschen, was eine gewisse Zähigkeit und ein strategisches Vermögen erforderte. Überall in ihrem Herrschaftsgebiet entstanden vor allem im 12. und 13. Jahrhundert Burgen wie die in Qala, die allerdings in den nächsten Jahrhunderten fast völlig verfielen bzw. gleich nach ihrem Bau weitgehend zerstört wurden. Denn die Mongolen, die 1235 über den Kaukasus stürmten, ließen sich von den lokalen Befestigungsversuchen nicht aufhalten. Da ein großer Teil Asiens zu jener Zeit diese Erfahrung machen musste, kann man dies den Şirvanşahs nicht wirklich anlasten. Es ist eher bemerkenswert, dass sie es nach diesem Schlag noch einmal schafften, ihr Reich für ein paar weitere Jahrhunderte wiederzuerrichten.

Wie schon am Beispiel des Grabes des Knochenlosen oder des Yanar Dağ festgestellt, findet sich über viele Orte auf Abşeron bei Essad Bey, der sich doch keine Absurdität entgehen ließ, nichts – schlicht und einfach, weil es sie zu jener Zeit einfach noch nicht gab. Das gilt auch für Sumqayıt, die zweitgrößte Stadt Aserbaidschans, die nur wenige Kilometer von Baku entfernt auf der Nordseite von Abşeron liegt. Denn auch dort, wo heute Sumqayıt liegt, gab es bis in die 1940er-Jahre hinein nur Strände und Fischerdörfer. Sumqayıt wurde 1949 gegründet – es eine der künstlichen Städte, wie sie nach Ende des Zweiten Weltkriegs in so vielen Sowjetrepubliken entstanden sind. In Städten wie diesen kamen Menschen aus der ganzen Sowjetunion zusammen. Wilde Legenden ranken sich um die Chemiekombinate der Stadt, von Rauch in allen Farben, der die Wäsche einfärbte, wenn man sie zum falschen Zeitpunkt draußen zum Trocknen aufgehängt hatte, davon, wie man anhand des Gestanks feststellen konnte, wie spät es gerade war. Die Lebenserwartung der Menschen war gering und die Kindersterblichkeit hoch. Auf einer Fahrt nach Norden hatte ich schon einmal einen Blick auf die – selbst für jemanden, der Bakuer Größenverhältnisse kennt – gigantischen, verfallenden Industrieanlagen und ihr unübersichtliches Netz aus Rohren werfen können. Dieses sowjetische Erbe ist ebenso beeindruckend wie erschreckend und wird wohl noch Generationen von Umwelttechnikern mit seiner Sanierung beschäftigen.

In Sumqayıt landeten alle und alles, was die Herrschenden nicht in Baku haben wollten. Von der gesundheitsschädlichsten Industrie bis zu einigen Hundert Aserbaidschanern aus Armenien, die die armenischen Behörden im Februar 1988 ohne große Vorwarnung in ihren Dörfern im Süden des Landes zusammengetrieben, in Züge verladen und nach Aserbaidschan geschickt hatten. Der Bakuer Bürgermeister beschloss, die Ruhe in seiner Stadt besser nicht zu gefährden und sorgte dafür, dass die Züge nach Sumqayıt umgelenkt wurden. Seine Befürchtung war berechtigt, löste die Ankunft der Flüchtlinge doch in Sumqayıt Pogrome gegen die armenische Bevölkerung der Stadt aus, die nur schwer unter Kontrolle zu bekommen waren – wenn denn überhaupt jemand Interesse daran gehabt hatte, sie unter Kontrolle zu bekommen, oder der russische Geheimdienst sie nicht in bester „Teile und herrsche"-Methode noch absichtlich anheizte. Die Diskussion, von wem die Pogrome ausgingen und wie viele Opfer es gegeben habe, kann heute immer noch mit einiger Leidenschaft geführt werden. Nicht diskutiert werden kann, dass „Sumqayıt" noch heute für die meisten damals in Aserbaidschan lebenden Armenier zum Beginn der alltäglichen Schikanen wurde, an deren Ende die Pogrome von Baku standen.

Kein Wunder also, dass Sumqayıt für mich vor allem mit Umweltverschmutzung und Gewalt verbunden war und es buchstäblich Jahre brauchte, bis ich mich zu einem Besuch von Baku aus aufmachte. Umso erstaunter war ich, gerade hier den für mich idyllischsten Ort auf Abşeron zu finden. Der wirtschaftliche Zusammenbruch nach dem Ende der Sowjetunion hat dazu geführt, dass die meisten Fabriken ihre Arbeit eingestellt haben. Wer heute in Sumqayıt Arbeit hat, pendelt meistens nach Baku, dafür hat er nach mindestens zwei Stunden Stau jeden Tag in den wenigen wachen Stunden zu Hause immerhin halbwegs saubere Luft. So erwartet mich an einem Vorfrühlingstag eine geradezu idyllische Kleinstadt mit einer baumbestandenen Promenade hoch über dem Meer und einem breiten Sandstrand, dessen Frieden nur dadurch getrübt wird, dass der feste Sand die örtliche Jugend dazu verlockt, hier Autofahren zu üben. Außerdem ein Teegarten neben einem kleinen Freizeitpark, irgendwo zwischen sowjetisch-nostalgisch und modern-poppig-bunt. Mehr habe ich nicht gesucht.

An der Promenade über dem Meer stehen zwei Denkmäler, die als typisch für das heutige Aserbaidschan betrachtet werden können: eine Märtyrerallee zum Gedenken an die Opfer des Karabach-Konflikts und eine große, stilisierte Friedenstaube, die zum Wahrzeichen der Stadt geworden ist. „Aserbaidschan will Frieden mit allen Menschen", erklärt mir ein junger Mann aus Sumqayıt zu diesem Symbol.

Anschließend ein Stadtbummel durch eine Stadt, die natürlich eine sowjetische Retortenstadt mit eher mäßiger Bausubstanz ist, aber eben auch zeigt, dass diese Städte stadtplanerisch eine nicht zu unterschätzende Lebensqualität haben konnten (wenn sie nicht gerade neben den größtmöglichen industriellen „Giftschleudern" lagen): vier- bis sechsstöckige Häuser, Einkaufsmöglichkeiten, Schulen und Kindergärten in unmittelbarer Nähe, gute Verkehrsanbindung an die Innenstadt und die Arbeitsplätze und zwischen den Häusern Platz für parkähnliche Anlagen. Während in Baku diese ursprünglich der nachbarschaftlichen Kontakte – und Kontrolle – gewidmeten Höfe immer mehr zu Parkplätzen werden, gibt es hier noch halbverfallene Spielplätze, deren Kletterstangen auch mal als Teppichklopfstangen verwendet werden, und Bänke und Tische, die auch noch als solche von Rentnern genutzt werden. Nur sitzen die Alten hier nicht bei Schach, Backgammon und Tratsch zusammen, sondern verkaufen auf den Bänken Sonnenblumenkerne, Streichhölzer, Bücher oder den letzten Nippes aus der eigenen Wohnung oder der von verstorbenen oder emigrierten Freunden. Eine alte Frau ist so verblüfft, als ich ihr ein paar Sonnenblumenkerne abkaufen will, dass ich annehme, dass dieser Kleinsthandel mehr ein Vorwand ist, die Wohnung zu verlassen und mit anderen Menschen ins Gespräch zu kommen, als dass er tatsächlich zum Lebensunterhalt beiträgt.

Im Stadtzentrum Sumqayıts zeigt sich das neue Aserbaidschan dann von seiner absurdesten Seite: Vor die kleinen einstöckigen Läden, eher Kioske, mit Waren des täglichen Bedarfs entlang der Hauptstraße hat man eine höhere Fassade im Glas-und-Stahl-Design gesetzt. Wenn man einen solchen Laden betritt, kommt man in einen etwa einen halben Meter tiefen, dunklen Vorraum, der meistens als Lagerraum dient, und dann erst in den eigentlichen Laden. Potemkinsche Dörfer sind zum Symbol des Russischen Zarenreiches und der Sowjetunion geworden. Die ehemaligen eroberten Gebiete an der Peripherie haben davon gut gelernt.

Auf dem Rückweg von Sumqayıt nach Baku kommen wir durch Xırdalan, eine weitere, von der Megametropole Baku inzwischen verschluckte Kleinstadt. Kein Ausländer, den ich in Aserbaidschan getroffen habe, war je hier, den Namen aber kennt jeder: In Xirdalan steht die größte Brauerei Aserbaidschans und das hier gebraute Bier ist aus dem Bakuer Nachtleben nicht wegzudenken.

Der Islam und die Fragen der Identität

Der Ausflug nach Abşeron zeigte bereits, was bei Streifzügen durch Baku leicht vergessen werden kann: Aserbaidschan ist ein islamisches Land. Also irgendwie. Mehr oder weniger. Im Bakuer Stadtbild ist der Islam kaum präsent und das gilt auch für viele aserbaidschanische Kleinstädte und Dörfer. Keine weithin sichtbaren Moscheen und Minarette, kein Muezzin, dessen Rufe das Zeitgefühl bestimmen, sehr selten mal eine Frau mit Kopftuch, was von deutschen Beobachtern gern als „Islam-Index" herangezogen wird. Im Gespräch mit Aserbaidschanern taucht der Islam – oder eher das Muslimsein – als etwas auf, das zwar einen Teil ihrer Identität ausmacht, aber in ihrem Alltag herzlich wenig zu suchen hat, und das soll bitte schön auch so bleiben. Erwähne einem Aserbaidschaner gegenüber, Aserbaidschan sei ein islamisches Land, so reagiert er garantiert abwehrend: „Sehen unsere Frauen aus wie in Iran? Hältst du uns für unwissenschaftliche Träumer oder [noch schlimmer] für Terroristen?" Diese westlichen (und auch sowjetischen) Zuschreibungen sind eindeutig auch in Aserbaidschan angekommen. Frage hingegen einen Aserbaidschaner, ob auch Nicht-Muslime Aserbaidschaner sein können – so er reagiert er ebenfalls abwehrend: Das sind dann Russen, Georgier oder schlimmstenfalls Armenier, die in Aserbaidschan leben oder gelebt haben, aber keine richtigen Aserbaidschaner. Atheisten kann man vielleicht gelten lassen, zumindest, wenn sie es nicht zu laut verkünden und nicht öffentlich das für Muslime verbotene Schweinefleisch konsumieren (der ebenfalls verbotene Alkoholkonsum zählt nicht). Generell ist man in der allgemeinen Vorstellung als Aserbaidschaner nun mal Muslim, Schiite im Idealfall, obwohl mir erstaunlich viele Sunniten begegnen (vor allem, wenn ich versuche, spezifisch schiitische Informationen zu bekommen).

Dass das Verhältnis zur Religion in Aserbaidschan und speziell in Baku nicht ganz einfach ist und bisweilen widersprüchliche Zugehörigkeitsgefühle berührt, findet man schon bei Essad Bey – und sei es nur darin, dass religiöse Feste und Orte bei ihm eher selten vorkommen und meistens als Symbole für das Alte, das irgendwie schon Exotische und Seltsame im modernen Land des Öls, stehen. In *Ali und Nino* wird das Muslimsein vor allem als unterscheidende Kategorie zu den Fremden aus Europa oder den kaukasischen Christen wie Armeniern und Georgiern verwendet. In der russischen Terminologie waren die turksprachigen Muslime des Kaukasus ebenso wie die muslimischen Bewohner des Urals, der Krim, Sibiriens und von Teilen Zentralasiens einheitlich „Tataren". Zu Alis Zeit, Anfang des 20. Jahrhunderts, gab es dennoch – oder gerade deswegen – in Aserbaidschan bereits seit einigen Jahrzehnten Bestrebungen, den Begriff „Aserbaidschanisch" für die Nationalität und das bisher als türkischen Dialekt betrachtete Aserbaidschanisch als Schriftsprache zu etablieren. Der Autor Mirzə Fətəli Axundov schrieb im 19. Jahrhundert Theaterstücke auf Aserbaidschanisch, statt im bis dahin in der Literatur üblichen Persisch und setzte sich für eine Umstellung des Alphabets von den bis dahin üblichen arabischen auf lateinische Buchstaben ein. Trotz der deutlichen Bevorzugung des Aserbaidschanischen gilt er für viele heute auch als persischer Nationalist, wenn es gegen die Araber ging, und als loyaler Untertan des Zaren, unabhängig von den persisch-russischen Auseinandersetzungen seiner Zeit. Identität kann vielfältig sein.

Mit der – auch in Europa im 19. Jahrhundert üblichen – Verbindung von Nationalstaat und Nationalsprache, brach auch die auf Axundov folgende Generation aserbaidschanischer Intellektueller mit der traditionell engen Bindung an Persien und mit dem Persischen als Sprache der Intelligenz. Führend war hier der Journalist und Herausgeber der ersten aserbaidschanischsprachigen Zeitschrift Əkinçi (Der Sämann, 1875), Həsən Zərdabi. Vermutlich was es kein Zufall, dass Zərdabi kein Schiit, sondern Sunnit war. Der junge Ali empfand sich dagegen vor allem als schiitischer Muslim. Vor der nationalen Identität kamen die religiöse, lokale Identität als Muslim und die lokale als Bakuer.

Gott hat mich hier zur Welt kommen lassen als Muslim schiitischer Lehre, der Glaubensrichtung des Imam Dschafar. So er mir gnädig ist, möge er mich auch hier sterben lassen, in derselben Straße, in demselben Haus, in dem ich zur Welt kam.

Ali und Nino

Als dritte Quelle der Identität diente die türkische Sprache, die als Beweis einer Blutsverwandtschaft mit den Osmanen und mit den anderen turksprachigen Muslimen des Zarenreiches – sei es im Ural oder in Zentralasien – galt. Die Verbindung zwischen Sprache, Blutsverwandtschaft und Nation wurde nicht hinterfragt, womit man in dieser Zeit in Baku auch völlig einig mit Wissenschaftlern in St. Petersburg, Berlin oder Paris war. Allerdings war Sprache im vielsprachigen Baku des 19. Jahrhunderts noch ein reichlich wackliges Identitätskriterium. Essad Bey hält sich vorsichtig zurück, wenn es darum geht, welche Sprache Ali nun wann spricht, dichtet ihm allerdings eine „affenartige Begabung für Sprachen" an, die im Kaukasus damals wie heute nützlich gewesen sein muss: Russisch wurde in der Schule gesprochen, mit dem aus Teheran angereisten Onkel sicher Persisch, wie aber mit dem Vater, den Freunden, mit Nino und ihrer verzweigten Familie? Aserbaidschanisch war trotz der Vorstöße Axundovs und Zərdabi noch immer eher ein Bauerndialekt (und ist es für viele russischsprachige Bakuer bis heute).

Die Vorstellung einer gemeinsamen türkischen Nation, der Pantürkismus, war im 19. Jahrhundert vor allem unter den Muslimen des Russischen Reiches weit verbreitet. Es war ein Gegenentwurf eines Lebens unter russischer Herrschaft: Eine Mischung aus Rückbesinnung auf islamische Werte, türkisch-nationalen Gefühlen und der Annahme westlicher Moderne im Bereich von Technik und (Natur-)Wissenschaft sollte helfen, letztendlich die russische Besatzung zu beenden und ein eigenes Reich zu errichten. Blau, Rot, Grün – die drei Farben der Fahne der Ersten (und jetzt auch der Zweiten) Aserbaidschanischen Republik – werden mit diesen drei Zielen in Verbindung gebracht: sich türkisieren, sich islamisieren, sich modernisieren – wobei unklar ist, ob das unbedingt in dieser Reihenfolge geschehen soll. Für viele Muslime, gerade in Baku, wo westliche technische Überlegenheit die Bodenschätze eines kolonialisierten Landes ausbeutete, waren solche Gedanken naheliegend, und Alis Vater wird seinen Sohn aus diesen Überlegungen heraus aufs russische Gymnasium geschickt und ihn gleichzeitig mit den Traditionen der Familie vertraut gemacht haben – auch wenn diese eher nach Persien und an den Hof des Shahs wiesen als in eine pantürkische Zukunft. Dies war ein übliches Problem für aserbaidschanische Pantürkisten: Osmanen, Tataren und die Einwohner Zentralasiens waren mehrheitlich Sunniten; als Schiiten hatten die Aserbaidschaner traditionell eine enge Bindung an Persien, die dadurch noch verstärkt wurde, dass nach der Festschreibung der Grenzen zwischen Persien und dem Russischen Reich Anfang des 19. Jahrhunderts viele Familien teils im russischen Aserbaidschan, teils in Persien lebten – so, wie eben auch Alis Familie, die in dieser Zeit noch wie selbstverständlich zwischen Baku und Teheran hin- und herreist.

Alis Freunde stehen fast schon karikaturesk für unterschiedliche Lebensentwürfe in dem Baku ihrer Zeit. Unter ihnen ist Seyd Mustafa, der als gläubiger Muslim und Schiit keine andere Macht als Allah kennt und über den politischen Ereignissen ebenso steht wie über den Liebeswirren seiner Freunde.

Der Islam und die Fragen der Identität

Seyd Mustafa war ein Nachfahre des Propheten. Er trug stets die grüne Schärpe seines Standes. Sein Vater war Imam in der kleinen Moschee und sein Großvater ein berühmter Gelehrter am Grabe des Imam Reza in der heiligen Stadt Meschhed. Er betete fünfmal täglich. Mit Kreide schrieb er auf seine Fußsohlen den Namen des gottlosen Kalifen Jesid, um täglich den Feind des Glaubens mit den Füßen zu treten.

Ali und Nino

Der Seyd, wie dieser Freund vorwiegend mit seinem Ehrentitel als Nachfahre des Propheten angesprochen wird, verkörpert das Alte und moralisch Wahre, zu dem sich auch Ali hingezogen fühlt und dessen Segen ihm wichtig ist. Wie die kleinen Moscheen und die verfallene Stadtmauer gehört er in die Altstadt, die Ali so liebt, von der er sich aber auch sehr weit entfernt, wenn es darum geht, sein Leben zu gestalten. Letztendlich liebt er seine europäische Nino mehr als die traditionellen Bindungen und baut ihr zuliebe dann doch das europäische Haus, in dem die Teppiche nicht mehr an der Wand hängen, sondern auf dem Boden mit Füßen getreten werden.

So konnten sich die beiden Freunde auch nicht über ihre jeweiligen Loyalitäten einigen, als Ende des Ersten Weltkriegs osmanische Truppen gegen die in Baku stationierten russischen Truppen vorrückten. Der Seyd hatte wenig Verständnis, dass Bakuer Muslime sich Hoffnung auf eine osmanische Eroberung der Stadt machten:

„Seit Jahrhunderten trauert das Volk der Schiiten, fließt Blut zwischen uns und den Abtrünnigen, die schlimmer sind als die Ungläubigen. ... Und nun? Schiiten kämpfen für den Kalifen, der das Erbe des Propheten gestohlen hat. ... Hier, in unserer schiitischen Stadt, sitzen Menschen und warten sehnsüchtig darauf, dass der Sunnite kommen und unseren Glauben zerstören wird."

„Seyd", *sagte ich*, *„die Türken sind unseres Stammes. Ihre Sprache ist unsere Sprache. Das Blut Turans fließt in unser beider Adern."*
„In meinen Adern fließt das Blut Muhammeds", *sagte er kühl und stolz.*

Ali und Nino

Schiite oder Türke? Letztendlich fanden die beiden Freunde keine Lösung für das Problem, ob sie nun an der Seite der Sunniten oder der Christen kämpfen sollten, und als sie sich entscheiden mussten, kämpften sie zuerst einmal für ihre Stadt, für Baku. Die lokale Identität war das, worauf man sich einigen konnte, wenn man Muslim und Türke war. Bakuer Russen und Armenier allerdings gehörten nicht in diese Gemeinschaft.

Im Lauf der Jahre entwickelte Ali in dem Dilemma der unterschiedlichen Identitäten und ihrer Widersprüche schließlich die, die auch heute als die wichtigste gilt: die nationale. Der Bakuer Muslim mit russisch-humanistischer Schulbildung fiel schließlich im Kampf für die säkulare Aserbaidschanische Republik. Damit verkörpert Ali vieles, was auch für die meisten Aserbaidschaner, mit denen ich spreche, typisch ist: einen gewissen Stolz auf eine lange nationale Geschichte, die auch – aber nicht nur – muslimisch geprägt ist, bei dem gleichzeitigen Wunsch, als moderner Staat gleichberechtigt mit Europa anerkannt zu werden. Die Jahre unter der Sowjetherrschaft haben gleichzeitig zumindest in Baku mehr Abwertung als Sympathie für religiöse Menschen geschaffen: Gläubige werden gern als etwas naiv, nicht besonders aufgeklärt und nur wenig kosmopolitisch belächelt – dass es mittlerweile internationale Netzwerke hochgebildeter Muslime gibt, passt für viele aserbaidschanische Akademiker so wenig ins Weltbild wie in das vieler Deutscher.

Entsprechend reagierten aserbaidschanische Kollegen (und eine deutsche politische Stiftung) 2015 entsetzt darauf, dass Ilham Aliyev die größte Moschee im Südkaukasus eröffnet hatte. Man sah Aserbaidschan der Islamisierung nahe. Angesichts der Tatsache, dass Aserbaidschan das einzige islamische Land im Südkaukasus ist, erstaunte mich eher das Entsetzen als die Nachricht selbst: Hatte bis zu diesem Zeitpunkt etwa das christliche Georgien mit seinen 9,9 Prozent Muslimen die größte Moschee des Südkaukasus gehabt? Oder gar Armenien mit seinen weniger als 1 Prozent Muslimen? Waren beide Länder nicht viel zu sehr damit beschäftigt, sich gegenseitig mit der Größe der Kirchenbauten zu übertreffen, als dass sie auch noch Moscheen bauen würden? Tatsächlich ist die Heydar Aliyev-Moschee (Nach wem die wohl benannt ist?!) im Augenblick die größte Moschee des gesamten Kaukasus und mit 12.000 Quadratmetern mehr als doppelt so groß wie die Ahmad Kadurov-Moschee, die der tschetschenische Diktator Ramzan Kadurov 2008 in seiner Hauptstadt Grosny gebaut und nach seinem Vater, dem ersten tschetschenischen Präsidenten, der 2004 ermordet wurde, benannt hat. Auch die vier Minarette sind mit 94 Metern 30 Meter höher als die tschetschenischen. (Gegen den Nordkaukasus hat Aserbaidschan damit immerhin gewonnen.) Der große Bruder Türkei bleibt mit Erdogans neuer Moschee in Istanbul aber noch etwas größer. Abgesehen von denen, die sich ohnehin mit Religionsfragen beschäftigen, blieb die Eröffnung der Heydar Aliyev-Moschee bei der Bakuer Bevölkerung weitgehend unbemerkt. Als ich begann verschiedene Leute zu fragen, wo diese Moschee genau sei und wie ich dahin käme, schienen manche tatsächlich zum ersten Mal von dieser Moschee zu hören. Man kann auch wirklich nicht behaupten, dass sie das Bakuer Stadtbild in der Innenstadt verändert habe: Sie liegt viel zu weit vom Zentrum weg, um als Wahrzeichen in Erscheinung zu treten. So wird die „größte Moschee des Südkaukasus" zum Sinnbild für den Umgang der heutigen Regierung mit dem Islam: Natürlich will man die größte, die glitzerndste, die teuerste Moschee im Umkreis haben. Natürlich benennt man sie, wie alles Größte, Glitzerndste, Teuerste in diesem Land nach dem verstorbenen Präsidenten. Gleichzeitig aber passt sie natürlich nicht in die angestrebte Silhouette einer postmodernen Metropole – selbst das große Vorbild „Dubai" macht ja keine Werbung mit Riesenmoscheen.

Und natürlich ist egal, dass die meisten Einwohner Bakus eine Megamoschee ungefähr so dringend brauchen wie eine gigantische Konzerthalle auf einer eigens dafür aufgeschütteten Insel in der Bucht von Baku oder über das Land verteilte Olympia-Komplexe mit Sporthallen und „Olympischen Dörfern". Das einzige Mal, an dem ich die Bakuer Moscheen gut besucht (Und damit meine ich nicht überfüllt!) gesehen habe, war an einem Winterabend 2012 am wichtigsten schiitischen Feiertag, Aschura. Es ist der Todestag von Hussein, dem Enkel Mohammeds, der in der Schlacht von Kerbela 680 gegen das Heer des Kalifen Yasid I. getötet wurde – ja, genau jenes gottlosen Kalifen, dessen Namen sich Seyd Mustafa noch über tausend Jahre später aus Verachtung auf die Fußsohlen schrieb. Der Trauertag, an dem schiitische Männer sich selbst geißelnd in Prozessionen durch die Straßen ziehen und damit sowohl bei Sunniten als auch bei christlichen Beobachtern auf Irritation stoßen. (Christen sollten hier allerdings vorsichtig sein, denn es ist ja nicht so, dass Selbstkasteiung dem Christentum nun so fremd wäre.) Obwohl mir Bakuer Freunde erzählt hatten, wie panisch sie in ihrer Kindheit in den 1980ern und frühen 1990ern auf diese Prozessionen reagiert hätten, die damals in den sowjetischen Vororten stattgefunden haben müssen, konnte ich heute zumindest in der Innenstadt um die wenigen Moscheen herum keine finden. Vielleicht waren sie damals Zeichen eines anti-sowjetischen Protests, der heute nicht mehr interessant ist, vielleicht habe ich instinktiv einen Bogen um die entsprechenden Menschenmengen gemacht, vielleicht hat sich auch die Kampagne „Blut für Märtyrer" durchgesetzt, die dafür sorgt, dass an diesem Tag Blut nur für gute Zwecke und medizinisch korrekt fließt: An den großen Moscheen stehen Busse, in denen Blutspenden gesammelt werden.

Während einerseits die Heydar Aliyev-Moschee entstand und der Präsident Anfang 2015 ein zweites Mal nach Mekka pilgerte (ein Teil der Bevölkerung war empört über so viel „Islamismus", ein anderer Teil lästerte, das müsse Aliyev wohl tun, wenn er mit den Saudis über den sinkenden Ölpreis reden wolle, und alle fragten sich, ob ihn die First Lady wohl in ihren kurzen Röcken begleiten würde), werden andererseits alle Bewegungen, die nur im Entferntesten als „islamistisch" einzustufen sind, massiv unterdrückt. Auf internationalen Listen wurden im Sommer 2015 zahlreiche „religiöse Aktivisten" als politische Gefangene in Aserbaidschan geführt, manche von ihnen sind seit 2007 in Haft. Andere sind 2012 verhaftet worden, als sie gegen eine vermutete Gay Pride Parade anlässlich des Eurovision Song Contest protestierten. So absurd für die kleinen Gruppen Bakuer Schwulen und Lesben die Vorstellung war, zu Tausenden mit Regenbogenfahnen durch die Stadt zu ziehen, so real erschien die Gefahr offensichtlich einigen Muslimen. Noch erstaunlicher ist, dass der Schutz sexueller Minderheiten der aserbaidschanischen Regierung offensichtlich so wichtig war, dass sie dafür muslimische Aktivisten verhaftete. Iran betrachtete übrigens frei an seinen Grenzen herumlaufende Homosexuelle ebenfalls als Gefahr und die Beziehungen zwischen den beiden Staaten erreichten in dieser Zeit einen historischen Tiefpunkt, der vermutlich nicht nur der eingebildeten Gay Pride-Parade geschuldet war, sondern auch den guten Beziehungen von Aserbaidschan zu Israel, die zu diesem Zeitpunkt so gut waren, dass sich in Baku das Gerücht verbreitete, die Regierung habe Israel aserbaidschanische Militärbasen als Ausgangspunkt für einen eventuellen Angriff auf Iran versprochen. So unwahrscheinlich das tatsächlich war, so viel sagt es doch darüber aus, wie die Bevölkerung die Situation einschätzte: Sie schien ein solches Bündnis nicht einmal besonders schockierend zu finden. (Im Gegensatz zu Huntington und anderen Anhängern des Kampfs der Kulturen: Das schiitische Aserbaidschan ist mit dem jüdischen Israel gegen den schiitischen Iran verbündet, der gleichzeitig gute Kontakte zu Armenien, dem christlichen Erzfeind Aserbaidschans, unterhält. Wie soll man da noch simple Außenpolitik machen?)

Eine weitere Gruppe politischer Gefangener in Aserbaidschan verweist in den kleinen Ort Nardaran, kaum 25 Kilometer von Baku entfernt an der Nordküste von Abşeron gelegen. Nardaran hat den zweifelhaften Ruf, der „schiitischste" Ort des Landes zu sein. Hier wurde 1992 die inzwischen verbotene Islamische Partei Aserbaidschans gegründet, die einen Gottesstaat ausrufen wollte und eine Abkehr von pantürkistischen Ideen zugunsten einer Annäherung an Iran forderte. Alis Freund Seyd Mustafa wäre heute vermutlich aus der Bakuer Altstadt hierhergezogen und – wie einige Gründer der Partei – mittlerweile verhaftet worden. Denn auch ganz abgesehen von dieser Parteigründung finden in Nardaran immer wieder Auseinandersetzungen zwischen Einwohnern (oder Aserbaidschanern, die sich am „schiitischsten" Ort des Landes heimisch fühlen) und der staatlichen Polizei statt. Im November 2015 wurden hier sechs Menschen von der Polizei getötet. Anlass war, will man der staatlicher Seite glauben, die Planung eines islamistischen Terroranschlags; die andere Seite spricht allerdings lediglich von einem Protest gegen die Unterdrückung der Religionsausübung im Alltag, wie unter anderem das Kopftuchverbot für Mädchen an Schulen. Nicht vergessen werden sollten hier auch die Armut und die Perspektivlosigkeit in Nardaran wie auch in anderen Orten rund um Baku, wo sich die Wut auf die soziale Ungleichheit ballt. Und diese Wut macht der aserbaidschanischen Regierung mindestens so viel Angst wie ein paar radikale Schiiten mit guten Kontakten zu Iran.

Ein Besuch in Nardaran ein paar Sommer zuvor hatte bei mir das Bild eines friedlichen Dorfes zurückgelassen. Im Vorfeld hatten meine damals mitreisenden Kollegen und ich uns gefragt, woran wir wohl das besonders Muslimische des Ortes erkennen würden. Die Frage war schnell beantwortet: Wir sahen Häuser, umgrenzt von Mauern, auf denen Wandbilder demonstrieren, dass der Hausherr bereits nach Mekka gepilgert ist. Früher sollen solche Bilder tolle Geschichten von Karawanen, auf dem Weg besuchten Städten und bestandenen Abenteuern gezeigt haben, heute muss sich der neugierige Passant mit einem Bild von einem Flugzeug und der Kaaba zufriedengeben. Andere Wände tragen Parolen, die allgemein zu einem religiösen Leben und Frauen zum Tragen des Schleiers aufrufen. Berichten zufolge tun Frauen das auch, wir sehen jedoch keine, die ein Kopftuch trägt. Tatsächlich sehen wir gar keine Frau, was die Frage nach ihrer Sichtbarkeit in einem streng islamischen Dorf auch beantwortet.

Mittelpunkt des Ortes ist die große Moschee, in der Rehime Hanim, eine Tochter des siebten schiitischen Imams und Schwester des achten, also eine Ur-ur-etc.-Enkelin des Propheten, beerdigt sein soll. Rehime Hanim floh vor der Verfolgung durch Sunniten (und vielleicht auch vor den Wirren in der schiitischen Gemeinde, die sich über die Nachfolgefrage nach dem Tod des siebten Imam spaltete) zusammen mit ihrer Schwester (zu deren Grab kommen wir noch) im späten 8. Jahrhundert von der Arabischen Halbinsel nach Baku. Große Moscheen hatte ich auf unserer Abşeron-Tour bereits gesehen, auch belebtere als die in Nardaran, deshalb erscheint uns die pure Präsenz dieser Moschee kein Hinweis auf besondere Religiosität zu sein. Die Tatsache, dass es in Nadaran auch eine Madrasa, eine islamische Hochschule, gibt, spricht eher dafür.

Obgleich diesem Ort der Ruf vorauseilt, er sei radikal, werden meine Kollegin und ich, die wir etwas ungeschickt am Eingang mit dem Kopftuch kämpfen, in der Hauptmoschee freundlich empfangen und zum Grab der Heiligen geführt. Diese soll vor allem Frauen mit Kinderwunsch helfen. Bei den örtlichen Katzen hatte sie ganz offensichtlich Erfolg: Gleich zwei Mutterkatzen mit insgesamt sieben Kätzchen haben sich in die Kühle beim Sarg zurückgezogen und lenken nicht nur unsere Aufmerksamkeit von der Heiligen ab – auch die wenigen anderen Besucher verwenden ihre Rosenkränze mehr als Katzenspielzeug als zum Beten. Nach Besichtigung des Grabes werden wir schnell herauskomplimentiert: Es sei gleich Gebetszeit. Auch wenn es nicht so aussieht, als würden die Massen in die Moschee zum Nachmittagsgebet strömen, ziehen wir uns zurück. Nur ein paar Meter weiter winken uns ein paar ältere Männer in die Moschee nebenan: Wir dürfen, ja, müssen sie und ihre Moschee fotografieren, einer will sogar ein Bild von sich beim Beten. Dafür bekommen wir auch Tee und den Auftrag: „Erzählt allen, dass wir hier freundliche Muslime sind." Public Relation geglückt, es sei hiermit der Welt mitgeteilt.

Staatlich in der Tourismuswerbung vermarktet wird dagegen die Moschee von Bibiheybət, wo Ukheima Hanim, die andere Schwester des achten Imams, begraben sein soll. Der Besuch ihres Grabes gilt ebenfalls als hilfreich bei unerfülltem Kinderwunsch. Aber obwohl Bibiheybət vom Bulvar in Baku schnell und unproblematisch zu erreichen ist, scheint sie noch weniger Einheimische anzuziehen als das Grab ihrer Schwester in Nardaran.

Die Moschee liegt an einem Berghang über dem Meer bzw. über einem Erdölfeld. Das Erdölfeld wurde Ende des 19. Jahrhunderts von den Brüdern Nobel dem Kaspischen Meer durch Aufschüttung abgetrotzt und kam in dem James Bond Film *Die Welt ist nicht genug* zu Hollywood-Ehren. (Es ist nicht meine Schuld, dass selbst im Religionskapitel auf einmal das Erdöl hervorsprudelt! Es muss am Land liegen ...)

Die vielleicht nicht erste, aber bekannteste Moschee an dieser Stelle stammte aus der zweiten Hälfte des 12. Jahrhunderts, als sich das Reich der Şirvanşahs unter dem Einfluss der in Iran herrschenden Ilchane wieder vom Mongoleneinfall erholte. Siebenhundert Jahre später, 1936, wurde sie dann im Zuge von Stalins

Anti-Religions-Kampagne zerstört – angeblich ein Irrtum. Der Befehl, dass sie als Kulturgut erhalten bleiben solle, war auf dem Weg aus Moskau verloren gegangen. Ein Jahr später fiel auch die russisch-orthodoxe Kathedrale, die die Neustadt von Baku dominierte, der Kampagne zum Opfer (dass die armenische Kathedrale an der Torgovaya überlebte, wird heute gern als Beweis gesehen, dass für Armenier eben immer eine Ausnahme gemacht wurde). Der Wiederaufbau der Moschee von Bibiheybət in den 1990er-Jahren wurde zu einem großen Entsowjetisierungsprojekt des Landes. Wenn man den heutigen Bau mit den alten Fotos vergleicht, gibt es wenig Ähnlichkeit. Das kann daran liegen, dass sich die ganze Umgebung massiv verändert hat: Zwischen der heutigen Moschee und dem Steilhang, an dem die alte lag und auf dem immer noch ein Friedhof liegt, verläuft nun eine der wichtigsten Schnellstraßen zwischen Baku und dem Süden und Westen Aserbaidschans. Der Bau bzw. die Verbreiterung dieser Straße galt auch als einer der Hauptgründe für die Zerstörung der alten Moschee. Trotzdem bezweifele ich, dass es nur an der Versetzung vom Berghang auf den Felsvorsprung über dem Meer liegt, dass die neue Moschee so viel größer als die alte wirkt: Vermutlich ist es mehr Bakuer Größenwahn als nur veränderte Proportionen. Der Boden des Hofes ist spiegelglatt, die Sorte glänzenden Marmors, dessen Glätte bei dem nicht seltenen Bakuer Regen ernsthaft gefährlich sein kann. Allerdings sind auch hier nicht viele Menschen unterwegs – was, abgesehen vom Volksheiligtum des Mövsum Aga, ein offensichtliches Charakteristikum aserbaidschanischer Moscheen zu sein scheint.

Im Zickzack durch Aserbaidschan

Nicht alles in Aserbaidschan wird vom Öl beherrscht. ... Dort, wo die Stadt, die Ölwüste und die Eisenbahn aufhören, beginnt das unerforschte Land, das noch im wahren Sinne eine Terra incognita ist. ... Nur selten kommen Ausländer ins Innere der Ölrepublik, sie wittern dort keine guten Geschäfte, keine Gewinne, nur Gefahren, lange Strapazen und eine Bevölkerung, die wenig Neigung hat, die jahrtausendealten Lebensgewohnheiten mit den vergänglichen Reizen Europas zu vertauschen.

Aus „Das alte Aserbaidschan",
in *Öl und Blut im Orient*

Für viele heutige Touristen ist eine Bevölkerung, die wenig Interesse hat, sich der globalisierten Welt anzuschließen, weniger ein Minuspunkt als eine Verlockung, die sogar manche Strapazen wert ist. Dennoch erscheint bis heute der Rest des Landes Aserbaidschan für den Ausländer wie ein kleiner und wenig bedeutender Anhang der Metropole Baku und ihrer unmittelbaren Umgebung. Vermutlich auch, weil die Hoffnung, auf all die „unbekannten Sippen, Nomaden, Nachkommen der alten Assyrer und der Kreuzritter" zu treffen, die Essad Bey verspricht, gering ist. Die Sowjetunion hat eine grundlegende Infrastruktur geschaffen und die Ölmilliarden haben für bemerkenswerte Repräsentationsprojekte gesorgt. Gut ausgebaute Straßen verbinden auch abgelegene Kleinstädte mit Baku, sowjetische Plattenbauten, Schul- und Verwaltungsgebäude sind ebenso wie Heydar Aliyev-Statuen und mächtige Fahnenplätze überall gegenwärtig. Dennoch fehlt es allerorts an Dingen, die in Baku selbstverständlich sind: Viele Häuser haben kein fließendes Wasser, sei es, weil sie nie an die Wasserleitung angeschlossen wurden, sei es, weil das

Geld, um die Wasserrechnung zu bezahlen, seit Jahren nicht mehr aufgebracht werden kann. Strom und Gas stehen aus denselben Gründen nicht allen und nicht zu jeder Zeit zur Verfügung, auch wenn die Rohstoffe nur wenige Kilometer entfernt aus dem Boden strömen. Der Kontrast ist groß zwischen der glitzernden Hauptstadt mit ihrem bunten Nachtleben und den Kleinstädten und Dörfern, in denen es kaum einen Laden gibt und die modernste Unterhaltung für die (männliche) Jugend ein Internetcafé mit schlechter Verbindung ist.

Als ich durch das Land reise, scheint es, als hätten die meisten Einwohner ihren Frieden mit den schlechten Lebensbedingungen gemacht. Es sei schlechter als zuzeiten der Sowjetunion, als man noch nach Baku oder gar Moskau reisen konnte, um zum Beispiel getrocknete Früchte gegen besonders schwer zu bekommende Produkte einzutauschen, aber auch besser als in der ersten Zeit der Unabhängigkeit, höre ich immer wieder – und ich muss zugeben, auch besser als vieles, was ich auf dem Land in den anderen Kaukasus-Republiken, in Zentralasien oder in Russland gesehen habe. Die Jungen träumen von der großen Stadt oder sogar vom Ausland, aber, nun, das taten sie immer. Doch manchmal bricht auch in den „Regionen", wie die Bakuer sagen, die Wut auf die Strom- oder Brotpreise aus und führt zu kurzen, meist schnell unterdrückten Demonstrationen. Von Baku aus lässt sich vieles, was Aserbaidschan ausmacht, nicht verstehen. Davon abgesehen ist das Land auch schön. Gern wird erzählt, dass Aserbaidschan sieben verschiedene Klimazonen und damit auch sieben verschiedene Naturzonen hat, in denen vollkommen unterschiedliche Pflanzen und Tiere leben. Auf so engem Raum wie in Aserbaidschan soll man nirgendwo auf der Welt Hochgebirge und Wüsten, Steppen und Wälder finden. Es gibt also viele gute Gründe, sich in den Kleinstädten und Dörfern des Landes umzusehen.

Erstes Ziel ist Quba im Norden des Landes. Zumindest ist das der Ortsname, der auf den Minibussen, den Marshrutkas steht, die dorthin fahren. Das ist aber nur die halbe Wahrheit, wie Quba auch nur die halbe Stadt ist. Denn eigentlich besteht die Siedlung aus zwei Städten, die einander entlang des Flusses Qudyalçay gegenüberliegen: Auf der einen Seite des Flusses liegt der muslimische Teil, das eigentliche Quba, auf der anderen Seite liegt Krasnaja Sloboda, die „Rote Siedlung", wie sie auf Russisch und Aserbaidschanisch genannt wird, eine Umbenennung aus sowjetischer Zeit. Davor hieß die größte Ansiedlung kaukasischen Juden schlicht „Jüdische Siedlung". Dabei ist sie vielleicht die größte, aber sicher nicht die einzige jüdische Siedlung in der Region – oder war es zumindest zu Essad Beys Zeiten nicht.

In einzelnen Gegenden Aserbaidschans, in den Steppen und auf den Gipfeln der Steinmassen des südlichen Kaukasus, sieht man oft kleine, halbzerfallene Siedlungen ohne das übliche Minarett, ohne das Kreuz der christlichen Kirche. Es sind die „Auls" die vorübergehenden oder auch ständigen Siedlungen der „Kipta" oder „Bani Israil", wie die jüdischen Sippen Aserbaidschans genannt werden. Die Einwohner dieser Dörfer tragen ... die übliche Tracht des Landes, sind stets bewaffnet und treiben im besten Fall Ackerbau. ... Von ihren Nachbarn werden die Juden als Ureinwohner des Landes angesehen, also nicht wie sonst überall als fremde Einwanderer.

Aus „Die wilden Juden",
in Öl und Blut im Orient

Kipta – die von Essad Bey genannten Bezeichnung für diese Juden scheint es tatsächlich einmal gegeben zu haben, heute höre ich sie aber nur noch von Wissenschaftlern, die sich mit dem Thema beschäftigen. Eingebürgert hat sich der russische Begriff *Gorskije ewrei*, „Bergjuden", mit dem die jüdische Bevölkerung des Kaukasus, die vor allem im heutigen Dagestan und im Norden Aserbaidschans lebt, bezeichnet wird.

In einem anderen Punkt decken sich wieder meine Beobachtungen mit denen Essad Beys: Während ich öfter Zweifel höre, ob Christen wirklich Aserbaidschaner sein können und nicht doch in ihrer Loyalität anderweitig gebunden sind, also eher Russen, Georgier oder sonst wie anders national verortet, ist es für die meisten meiner (mehr oder weniger muslimischen) Gesprächspartner klar, dass die Juden Aserbaidschaner sind – zumindest diejenigen, die ursprünglich aus dem Kaukasus stammen. Kleinere Gruppen von im Zweiten Weltkrieg vor den deutschen Truppen geflohenen Juden oder spätere Arbeitsmigranten aus anderen Teilen der Sowjetunion werden schon skeptischer betrachtet. Und tatsächlich sind alle Juden, denen ich in Aserbaidschan begegne, loyal zu Aserbaidschan und seiner Regierung, die ihnen Glaubensfreiheit zusichert, und zu dem Präsidenten, der die jüdische Gemeinde auch in Ansprachen zu muslimischen und christlichen Feiertagen als Beispiel des friedlichen Zusammenlebens der Kulturen im Land nennt. Die Akzeptanz und das Gefühl der Zugehörigkeit ändern nichts daran, dass viele Juden seit dem Zerfall der Sowjetunion vor allem aus wirtschaftlichen Gründen aus Aserbaidschan nach Israel oder Amerika ausgewandert sind. Selbst in Deutschland gibt es eine kleine Gemeinde.

Krasnaja Sloboda aber erscheint nicht ausgestorben, sondern wie eine lebendige Kleinstadt mit Männern und Frauen jedes Alters. Eine Gruppe von Jungs mit Kippa im Grundschulalter umringt uns auf ihren Rädern und bietet an, uns ihre Synagogen zu zeigen. Da sie klarmachen, dass sie uns ohnehin folgen werden und im Zweifelsfall jedes falsche Abbiegen kommentieren, nehmen wir das Angebot gern an. Sie haben allen Grund Stolz auf ihre Synagogen zu sein: Groß und hoch, frisch renoviert oder im Zustand der Renovierung zeugen sie sowohl von vergangenen großen Tagen als auch von heutigen Geldzuwendungen aus Israel und den USA.

Von Quba kann man weiter in die Berge fahren. Dahin, wo es auch in Aserbaidschan Hochgebirgsdörfer gibt, wie Essad Bey sie als Alis Exil in Dagestan beschreibt:

> *Eine schmale Steinterrasse am Rande des Abgrunds. Gelbe Felsen, trocken, verwittert, baumlos. Steine, riesig, rau, grob aufeinandergeschichtet. Dicht nebeneinander, viereckig und schmucklos, hängen am Abgrund die Hütten. Das flache Dach einer Hütte bildet den Hof der höher gelegenen. Unten rauscht ein Bergbach, in der klaren Luft leuchten die Felsen. Ein schmaler Pfad windet sich durch das Gestein und verliert sich im Abgrund.*
>
> *Ali und Nino*

Nun gehört Dagestan heute nicht zu Aserbaidschan, sondern zu Russland, auch wenn man sich mit dieser Region durchaus kulturell verbunden fühlt und islamische Handschriften aus Dagestan aus mehreren Jahrhunderten in Aserbaidschan aufbewahrt und als eigenes kulturelles Erbe nach außen präsentiert werden. Im Gegensatz zu den „verlorenen Südgebieten", dem weitgehend von Aserbaidschanern bewohnten Nordiran, scheint allerdings niemand im heutigen Aserbaidschan dem verlorenen Kontakt nach Dagestan nachzutrauern, obwohl diese Grenze noch sehr viel länger durchgängig war als die aserbaidschanisch-iranische.

Einer der aserbaidschanischen Orte, die an Alis Aul in Dagestan erinnern, ist Xınarlıq, das man von Quba aus erreicht – wenn man einen Fahrer findet, der die Tour in das über 2000 Meter hoch gelegene Dorf wagt. Seit die Straße ausgebaut ist, ist das nicht mehr so schwer, wie es von Touristen früherer Zeiten erzählt wird, und schnell lernen wir X. kennen, der behauptet mit seinem Niva die über 1500 Meter Höhenunterschied auf 50 Kilometer in weniger als zwei Stunden zu schaffen. Die Erklärung, wir hätten Zeit, half nicht: Sein Traum sei es, die Rallye Paris-Dakar mitzufahren und dafür trainiere er, so oft es gehe. Als wir tatsächlich weniger als zwei Stunden später inklusive einiger Fotostopps, sehr beeindruckt von der Bergkulisse und leicht grünlich im Gesicht, in Xınarlıq aus dem Auto steigen, muss ich zugeben: Ich kenne mich mit nordafrikanischer Geografie nicht so aus, aber wenn es um die schnelle Überwindung von Höhenunterschieden geht, hat X. bei der berühmten Rallye sicher gute Chancen.

Der Besuch Xınarlıqs hätte schon wegen des Weges gelohnt, aber das abgelegene Bergdorf bietet noch viel mehr als eine prachtvolle Kulisse. Bevor die neue Straße gebaut wurde, war das Dorf so abgelegen, dass sich hier eine eigene Sprache erhalten bzw. weiterentwickelt hat, die nicht mit dem Aserbaidschanischen, sondern mit den nordkaukasischen Sprachen verwandt ist. Seit die Straße ausgebaut wurde, ist der Zugang leichter geworden und schon zeichnen sich überall im Dorf die Folgen ab, die sich eben einstellen, wenn die Strapazen für Fremde, einen Ort zu erreichen kleiner werden: Die traditionellen Flachdächer aus Lehmziegeln und Stroh werden nun durch spitzere, silbern glänzende Blechdächer ersetzt, auf denen Fernsehantennen stehen, und junge Anthropologen und Linguisten, die schon immer von einem letzten unerforschten Ort geträumt haben, quartieren sich in die Häuser ein und führen lange Interviews über Verbformen.

Wie nicht anders zu erwarten, gibt es eine enge Kooperation zwischen dem Fahrer und einer Familie in Xınarlıq, die die von ihm ins Dorf gebrachten Gäste für eine oder mehrere Nächte (oder auch nur für einen Tee) aufnimmt. In unserem Fall handelt es sich um die Familie eines älteren Lehrers. Während seine Frau still mit einer Handarbeit in der Ecke sitzt und seine Töchter und sein jüngster Sohn sich in der Tür drängen, um uns zu „besichtigen", will er mit uns bei Tee, ofenfrischem Brot und Schafsbutter auf Russisch Marx diskutieren. Ob wir glauben, dass Lenin *Das Kapital* wirklich gelesen und angemessen umgesetzt habe? Dass Lenin vielleicht Das Kapital gelesen habe, ich aber nicht, lässt er nicht gelten. Ich sei ein gebildeter Mensch und müsse doch eine Meinung zu dem Thema haben, auch wenn ich Marx nicht ganz gelesen hätte. Ich bringe es nicht übers Herz, ihm zu sagen, dass „nicht ganz" angesichts der wenigen Schulbuch-Auszüge, die ich kenne, schon eine gewaltige Übertreibung ist. In einer Ecke des Zimmers sehe ich die Bilder von Marx und Lenin, geschmückt mit getrockneten Kräutern und Plastikblumen und schließe daraus, dass es halbwegs sicher ist, Lenin zum perfekten Marxisten zu erklären. Scheint zu passen, und wir einigen uns darauf, dass es nur Lenins Umgebung und seine Nachfolger waren, die ihren Marx nicht kannten. Als ich das Thema dann in die sicheren Bahnen der Besonderheiten Xınarlıqs lenke, holt unser Gastgeber einen Ordner mit zwölf Schreibmaschinenseiten hervor: die von ihm verfasste Geschichte des Ortes. Natürlich geht es auch hier um die besondere Sprache Xınarlıqs und um die sieben Moscheen, die sich über das Dorf verteilt finden (unser Marxist ist Sunnit, ebenso wie seine Nachbarn), aber die Chronik enthält auch Informationen, die vielleicht für Fremde unwichtig erscheinen, für das Dorf aber revolutionär waren: In den späten 1960er-Jahren wurde Xınarlıq an das Stromnetz angeschlossen und in der dann eröffneten Post gab es das zweite Telefon; das erste stand im Haus des Sowjets. In dieser Zeit wurde auch die erste Autostraße ins Dorf gebaut – Xınarlıq wurde an die Welt hinter den Bergen angeschlossen.

Ebenfalls in den Bergen im Norden Aserbaidschans, allerdings im Westen, in Richtung georgische Grenze, liegt Şəki. Hoch ragen bewaldete Berge über der Kleinstadt auf und gleich zwei Bergflüsse fließen in Kanälen durch die Stadt – was zur Folge hat, dass ich Şəki, egal zu welcher Jahreszeit, immer kurz vor oder kurz nach einer Überschwemmung erlebe. Ich halte es für einen Beweis schlecht instand gehaltener Infrastruktur und mangelnder Bemühungen um Erhaltung der Wasserkanäle, andere behaupten, es sei purer Zufall.

Wenn es außer Baku einen Ort in Aserbaidschan gibt, der als „touristisch erschlossen" bezeichnet werden kann, dann ist es

Şəki. Der Ort ist bekannt für eine zum Hotel umgebaute Karawanserei, seinen Khans-Palast, Süßigkeiten und die Şəbəkə-Fenster, filigrane Gebilde mit komplexen geometrischen Mustern aus Holz und buntem Glas. Die Süßigkeiten wurden mir in Baku wärmstens empfohlen, mein Angebot, ich könne gern welche mitbringen, wurde allerdings nicht wirklich begeistert angenommen. Schließlich kaufe ich keine, denn auch wenn ich den alten Mann sehr nett finde, der mir in einem kleinen Laden verschiedene Kostproben des berühmten „Şəki Halva" anbietet und erzählt, die Rezepte würden seit Jahrhunderten in seiner Familie weitergegeben, kann ich mich mit der süßen Spezialität nicht anfreunden.

Umso besser gefällt mir die wuchtige Karawanserei mit ihrem großen Hof und Garten, die zum Hotel umgewandelt wurde und in deren fensterlosen Zimmern man wunderbar vor der Sommerhitze geschützt ist. An der Karawanserei vorbei kommt man, immer noch bergan, zu der weitläufigen Festungsanlage mit ihren vielen einzelnen Häusern, die nach und nach zu entdecken sind. Hier lerne ich auch die Şəbəkə-Fenster näher kennen. Im Khans-Palast von Şəki sind sie zusammen mit den Wandmalereien die wichtigste Sehenswürdigkeit, vor allem wenn die Sonne durchscheint und die Fußböden mit bunten Lichtflecken bedeckt. Da ist es gut, dass hier – im Gegensatz zu europäischen Palästen – die Räume nicht durch Größe und aufwändige Möbel protzen und man sich ganz auf das Licht und die Bilder an den Wänden konzentrieren kann.

Die Wandmalereien zeigen – nach Frauen- und Männerräumen getrennt – mal Stillleben, Blumen und Vögel oder aufeinandertreffende Reiterheere, ein Hinweis auf die kriegerische Vergangenheit Şəkis und allgemein der Region. Şəki war im 18. Jahrhundert die Hauptstadt eines eigenen Khanats und die Festung ist ein Zeichen jener vergangenen Größe.

Während die Malerei offensichtlich nicht mehr gepflegt wird, findet man im größten Haus der Zitadelle von Şəki, wo mehrere

Kunsthandwerker untergebracht sind, noch Şəbəkə-Künstler, die neben Fenstern (für wen auch immer) auch so praktische Dinge wie Lampenschirme und Vogelhäuschen herstellen. Ich habe zwar noch nie einen Aserbaidschaner getroffen, der Vogelhäuschen aufstellt, oder einen Touristen, der sich ein derart filigranes Gebilde in den Koffer packt, aber irgendwo auf der Welt können sich hoffentlich ein paar Vögel sehr glücklich schätzen. Das Haus, in dem nun die Kunsthandwerker untergebracht sind, soll einmal deutsche Kriegsgefangene beherbergt haben, und ein Handwerker erzählt stolz, deshalb sei es auch so gut gepflegt. Ich kann keinen Unterschied zu den anderen Häusern feststellen, und glaube auch nicht so sehr an deutsche Wertarbeit, dass ich sie nach bald sechzig Jahren noch für erkennbar halte, aber ich will die stolz verkündete Verbindung zwischen dem Şəbəkə-Meister, dem Haus und mir auch nicht zerstören. Vor allem angesichts des Denkmals für die Gefallenen des Zweiten Weltkriegs aus der Region Şəki, das nicht weit entfernt den anderen Teil der deutsch-sowjetisch-ascrbaidschanischcn Geschichte erzählt. Dafür, dass es sich um eine verhältnismäßig kleine Region handelt, sind es doch sehr, sehr viele Namen, die hier aufgelistet sind.

Zwei kleinere Gebäude beherbergen eine Bildergalerie und ein ethnografisches Museum. Da die Wächterinnen (es gibt sehr viele davon) offensichtlich auch noch eigenes Kunsthandwerk verkaufen wollen, fällt es mir an beiden Orten schwer, Käufliches von Unverkäuflichem zu unterscheiden. Ich sehe allerdings auch nichts, um das es sich zu feilschen lohnen würde.

Zum Ensemble des Khans-Palasts gehört auch der berühmte alte Mann mit dem ausgestopften Wolf, dessen Augen durch kleine Glühbirnen ersetzt worden sind, die gelb blinken. Schon Reisende, die Jahre vor mir in Şəki waren, erzählen von diesem Kuriosum. Woher der Mann dieses Wunder hat und wie lange er schon mit dem Wolf am Weg sitzt, erfahre ich nicht, auch dann nicht, als ich für ein Foto mit dem Wolf bezahle.

Nicht weit von Şəki, ein Stück weiter in den Bergen liegt Kish, ein kleiner Ort, der vermutlich völlig unbekannt wäre, gäbe es da nicht eine Kirche. Nun sind Kirchen, gerade wenn man Essad Bey folgt, nicht unüblich in der Gegend. Aber die Kirche von Kish ist besonders, sie ist nämlich eine albanische Kirche. Wer jetzt denkt, dass es auch noch Verbindungen vom Kaukasus auf den Balkan gibt, hat sich geirrt. Das Albanische Reich ist ein urkaukasisches Mysterium. Es gibt kaum Belege für dieses Reich, das ungefähr zwischen dem 4. Jahrhundert vor Christus und dem 9. Jahrhundert nach Christus auf dem Boden des heutigen Aserbaidschan existierte und im 4. Jahrhundert christianisiert wurde. Man hat keine Ahnung, wie es sich selbst bezeichnete (Albania wurde es in den wenigen Quellen der römischen Kaiserzeit genannt, die darüber berichten), man kennt die Sprache nicht, die dort gesprochen wurde, und die Staatsformen und Abhängigkeitsverhältnisse zu den angrenzenden Großmächten wechselten offensichtlich so oft, dass auch hier die Informationen vage bleiben. Das alles macht es zu einem wunderbar weißen Fleck in der Geschichte, den man beliebig mit Vorstellungen füllen kann. Gerade vor dem Hintergrund des Karabach-Konflikts und der Suche nach einer möglichst langen nationalen Geschichte gewinnt das historisch eher unbedeutende Albanische Reich in den letzten Jahren in Aserbaidschan an unerwarteter politischer Bedeutung: Es wird zum Beweis, dass Aserbaidschan selbst eine christliche Vergangenheit besitzt, die so gar nichts mit den Armeniern auf dem Boden Aserbaidschans zu tun hat. Dafür wird auch die sonst nicht bekannte Geschichte einer Albanisch-Orthodoxen Kirche geschrieben, die bis ins 19. Jahrhundert hinein existiert haben soll. Nach und nach sind Kirchen und Klöster in Karabach zu „albanischem Erbe" erklärt worden und selbst die Armenische Kathedrale im Zentrum Bakus aus dem späten 19. Jahrhundert erscheint auf Stadtplänen nun als „Albanische Kirche". Das Geflecht aus Politik und Geschichtsschreibung – wobei letztere sich gern auch auf Dokumente bezieht, die nur der Autor selbst gesehen hat – macht die ohnehin verworrene Geschichte Albaniens nicht klarer. Sicher ist: Die Entdeckung der albanischen Kirche in Kish war offensichtlich nur der Anfang und die Albaner sind nun überall.

Im Gegensatz dazu werden die Nachfahren der Albaner, die Uden, die heute noch als kleine Gruppe in Nord-Aserbaidschan leben, wenig erwähnt. Es ist eine kleine Volkgruppe, die sich lang durch eine eigene Sprache von ihrer Umgebung abgrenzte, religiös aber alle drei wichtigen Religionen des Südkaukasus abdeckte: muslimisch, georgisch-orthodox und armenisch-apostolisch. Dazu sollen noch diverse Bräuche kommen, die aus den Zeiten vor dem Vordringen monotheistischer Religionen in den Kaukasus stammen. Die Christianisierung Albaniens mag für die heutige Geschichtsschreibung wichtiger sein als für die damals Betroffenen. Erstaunlicherweise sind die Uden sogar Essad Beys Interessen entgangen. Dafür berichtet ein anderer europäischer Reisender ausführlich über sie: Alexandre Dumas, der über den heute noch von Uden bewohnten Ort Nij schrieb. Obwohl Nij gar nicht so weit von der Strecke Baku–Şəki entfernt liegt, muss ich leider mit neueren Informationen passen: Ich habe es nie nach Nij geschafft. Schade, da es dort die besten (und mehr oder weniger einzigen) Schweinefleischgerichte im in dieser Hinsicht doch sehr muslimischen Aserbaidschan geben soll.

Ein anderes Volk, das westlich von Şəki, in den Schluchten um die Kleinstadt Zaqatala (bei Essad Bey: Zakataly) leben soll, wird dagegen von Essad Bey ausführlich beschrieben: Die Jassainen, bei denen nur die Frauen arbeiten, jagen und kämpfen, während die Männer unter den Nussbäumen liegen und sich dem Nichtstun hingeben. Ich frage eine befreundete aserbaidschanische Ethnologin, die sich vor allem mit dem Norden Aserbaidschans beschäftigt hat, ob sie je von den Jassainen gehört habe. Hat sie nicht und die Beschreibung der Lebensweise beeindruckt sie auch nicht sonderlich: „Männer, die nichts tun und Frauen, die

die ganze Arbeit machen? Da musst du nicht suchen. Die haben wir hier überall."

Die Nussbäume, unter denen die faulen Jassainen liegen sollen, sind tatsächlich ein Wahrzeichen der Region um Zaqatala und die Nüsse, sowie die Marmelade, die aus unreifen Walnüssen gekocht wird, sind in Baku ein beliebteres Mitbringsel als die Süßigkeiten aus Şəki.

Die einzelnen Khanate des Südens sind ein Kapitel für sich. Sie und ihre Khane sind von der Menschheit und den benachbarten Regierungen derart vergessen, dass sie zum Teil bis heute ihre Unabhängigkeit bewahrt haben. ... Mit ihrer grotesken Souveränität und Abgeschlossenheit von der übrigen Menschheit könnten sie ein Dorado für Abenteurer werden, wenn diese ihre Existenz vermuten würden.

Aus „Das alte Aserbaidschan",
in *Öl und Blut im Orient*

Bis heute ist der Süden Aserbaidschans noch weniger bekannt als der Norden – und das will schon etwas heißen. Hier kommt man als Reisender auch nicht einfach vorbei, es sei denn, man möchte in den Iran weiter. Und obwohl die Grenze auch für Ausländer mit Visum offen ist, wollen das die Wenigsten. Dabei ist der Süden schön, und das auf eine so andere Art als der Norden und die Umgebung von Baku, dass ich geneigt bin, die Geschichte mit den sieben verschiedenen Klimazonen zu glauben. Die Berge im Süden sind im Vergleich zu den mächtigen Gipfeln im Norden ein Mittelgebirge mit Wald, Flüssen und einigen mehr oder weniger bekannten heißen Quellen, an denen es sogar so etwas wie einen einheimischen Tourismus gibt.

In diesen Bergen lebt wieder eine eigene Volksgruppe, die Talış, die eine iranische Sprache sprechen. Vielleicht in der Erinnerung an die lange Unabhängigkeit im Schatten der Großmächte, von der Essad Bey erzählt, gibt es bei den Talış bis heute den Wunsch nach einer größeren Autonomie innerhalb Aserbaidschans. Im Sommer 1993, als Bakus politische Macht von den Rückschlägen im Karabach-Krieg massiv geschwächt war, bevor der „Retter des Vaterlands", Heydar Aliyev, an die Macht zurückkehrte, gab es im Süden sogar zwei Monate lang die „Autonome Talış Mugan-Republik" – das war allerdings zu kurz, als dass sich eine (mit Essad Beys Worten) „groteske Souveränität" hätte entwickeln können, aber lang genug, um in Aserbaidschan Ängste vor einem eventuellen Verlust des Südens zu schüren und jede Form von Nationalstolz der Talış zu unterdrücken. Freunde in Baku warnten, ich solle bloß keine Interviews führen, man werde mich sofort verhaften. Das schien mir ein wenig übertrieben, aber viele Talış, die ich treffe, versichern mir schon ungefragt, dass sie nichts mit irgendwelchen Unabhängigkeitsbestrebungen zu tun hätten und sehr gern zu Aserbaidschan gehörten. Die Angst, selbst irgendeine Deutsche könne etwas anderes glauben und eventuell weitererzählen, scheint groß zu sein. Nicht ganz zu Unrecht, wurde doch der Herausgeber der einzigen Zeitung auf Talış, Hilal Mammadov, 2012 wegen angeblichen Drogenbesitzes verhaftet und später auch wegen Landesverrat und Schüren von Hass zwischen den Völkern verurteilt. Sein Vorgänger, Novrzali Mammadov (zufällige Namensgleichheit – kein Verwandter!), ein Linguistikprofessor, war 2008 wegen Hochverrats zu zehn Jahren Haft verurteilt worden und 2009 im Gefängnis gestorben. Die vielgerühmte aserbaidschanische Toleranz hat in Bezug auf die Talış offensichtlich enge Grenzen.

Die Kleinstadt Lənkəran, das Zentrum der Gegend, liegt am Meer, scheint sich aber alle Mühe zu geben, diesen Umstand zu ignorieren. Die Eisenbahnlinie trennt die Stadt vom Meer und das städtische Leben spielt sich in den baumbestandenen Straßen und auf einem der typischen neuen aserbaidschanischen Plätze mit glänzendem Marmor und Heydar Aliyev-Statue ab, auf der man aber keinerlei Schatten findet. Es gibt Reste von etwas, was einmal eine kleine Promenade am Meer gewesen sein soll, aber die Betonplatten sind so verzogen, dass niemand hier mehr zum Flanieren kommt. Wenn sie denn überhaupt je so genutzt wurde. Das Land im Süden gehört traditionell zu den fruchtbarsten Aserbaidschans mit ausreichend Niederschlägen, ertragreichen Böden und Wäldern. Die Bäume, ja sogar die Erde für den der Wüste abgetrotzten Bakuer Stadtpark und die ersten Anpflanzungen am Bulvar sollen Anfang des 20. Jahrhunderts per Schiff aus Lənkəran gebracht worden sein. Außerdem war die Region früher berühmt für ihre Teefelder, und ein älterer Taxifahrer kann überhaupt nicht aufhören, immer wieder auf nun brachliegende Felder zu verweisen und von dem wunderbaren Grün zu schwärmen, in dem sie früher geradezu geleuchtet hätten. Auch der Tee sei der beste überhaupt gewesen. Warum der Teeanbau auf beinahe null geschrumpft ist, erklärt er – einmal mehr – mit dem Karabach-Konflikt: Teeanbau sei sehr arbeitsintensiv und als alle Männer Soldaten gewesen seien, hätten die Frauen es allein einfach nicht mehr geschafft. „Verdammt unsinniger Krieg!", erklärt er voller Überzeugung und ist damit einer der wenigen Aserbaidschaner, den ich kennenlerne, der den Krieg nicht als unglückliche Notwendigkeit beschreibt. Ob der berühmte Tee allerdings nicht einfach an den Billigimporten aus der Türkei gescheitert ist, wird nicht festzustellen sein. Vielleicht war es auch das Zusammentreffen von beiden Faktoren, die Anfang der 1990er-Jahre den Teeanbau in der Umgebung von Lənkəran beendeten. An manchen Stellen soll er jetzt im Rahmen von Regionalentwicklungsprojekten wieder gefördert werden. Mein Taxifahrer ist skeptisch: Niemand wolle heute mehr so viel arbeiten. Aber ich hoffe doch, irgendwann einmal Lənkəran-Tee probieren zu können. Am besten in einem Teegarten, in dem ich nicht die einzige Frau bin.

Frauen im Kaukasus

Nein, es ist kein Problem, allein als Frau durch den Südkaukasus zu reisen. Die einheimischen Frauen tun das ja auch, und fast immer ergeben sich daraus spannende Gespräche und nette Kontakte, vor allem zu anderen Frauen, die die Fremde unter ihre Fittiche nehmen. Aber es ist offensichtlich, dass der öffentliche Raum in den Großstädten wie in den Dörfern zuerst einmal den Männern gehört. Auch deshalb, weil sie, wie die Männer der Jassainen, sehr viel Zeit dort mit Nichtstun verbringen. Frauen gehen einkaufen, zur Arbeit oder holen Kinder von der Schule oder vom Kindergarten ab, sie überqueren Straßen und Plätze, um von einem Ort zum anderen zu kommen. Männer stehen oder sitzen auf Plätzen und an Straßenecken, trinken Tee, rauchen und reden, und viele haben mehr als genügend Zeit, um einer Ausländerin durch die halbe Stadt zu folgen und dieser wiederholt ihre (zunehmend gereizt abgelehnte) Hilfe anzubieten. Die kaukasische Galanterie beinhaltet bis heute nicht unbedingt den Respekt vor einer Frau, die allein, ohne männlichen Begleitung unterwegs ist und daran auch nichts ändern möchte. Es ist daher auch nicht unbedingt erstaunlich, dass die letzten, die nach einer Bus-Panne noch weit nach Mitternacht bei knapp fünf Grad an einer Überlandstraße stehen, die vier allein reisenden Frauen und ihre drei Kinder sind, während sich die Männer längst Plätze in den vorbeifahrenden Bussen gesichert haben. Mann setzt da schon eindeutige Prioritäten.

Die Situation von Frauen und Frauenrechten im Südkaukasus war und ist komplex – unabhängig davon, ob die herrschende Religion nun das Christentum, der Islam oder der sowjetische Atheismus ist. Und auch der westliche Blick hat noch nie viel zur Klärung beigetragen:

Frauen im Kaukasus

Es gibt keine Liebe im Orient, sagt der Europäer, so glaubt er und schreibt Aufsätze darüber, bekämpft die östliche Barbarei und verachtet die Leute, die ohne Gefühle für das Weib sind. Er hat recht, er kommt im weichen Wagen in den Orient gefahren, sieht die Freudenhäuser, wo den Frauen die Preistafel vor der Brust hängt, sieht verschleierte Ehefrauen, die von den Männern käuflich erworben wurden, hört nichts von Liebeserklärungen und Liebeskummer, sieht keine Männer, die ihren Frauen zuwinken, und keine Frauen, die um ihre Männer besorgt sind.

Aus „Die Liebe",
in *Zwölf Geheimnisse im Kaukasus*

Blättert man deutsche Zeitungen durch oder bummelt man durch deutsche Buchläden, bekommt man den Eindruck, dass sich an der westlichen Vorstellung der Frau im Orient nicht viel verändert hat. Dafür hat sich – zumindest auf den ersten Blick – für die Frauen im Südkaukasus viel verändert. Die verschleierten Frauen sind verschwunden (Die aufkommende Islamisierung einzelner Frauen im modischen Kopftuch in Baku ist ein anderes Thema!) und zumindest in den Städten sind eng umschlungene junge Paare ein üblicher Anblick. Was die Freudenhäuser angeht allerdings, sind alle drei Länder im Südkaukasus sowohl Herkunfts- als auch Durchgangs- und Zielländer für Frauenhandel. Hier hat sich wohl nicht so viel verändert, doch die Werbung für solche Etablissements ist, abgesehen von der einen Ausfallstraße aus Jerewan, eher diskret.

Auch wenn für dieses Thema in Essad Beys romantischen Texten zum Kaukasus kein Platz ist: Schon zu seinen Zeiten gab es in Aserbaidschan einheimische Stimmen, die eine Verbesserung der Situation von Frauen forderten. Allerdings waren das nicht etwa die Frauen selbst, und es war auch nicht so, dass die Wortführer gleiche Rechte für alle als Norm an sich entscheidend gefunden hätten, hier ging es vielmehr um die Weckung eines aserbaidschanischen Nationalgefühls und eine Modernisierung des Islam. Man ging davon aus, dass die Stärkung der Nation nur über die Stärkung der Frau (vor allem in ihrer Rolle als Mutter) geschehen könne. Das berühmteste aserbaidschanische Satiremagazin dieser Zeit, *Molla Nasreddin*, das von 1906 bis 1931 in Tbilisi erschien, vertrat diese Forderungen vehement in Wort und Bild: Frauen sollten ein Recht auf Bildung haben, häusliche Gewalt wurde zumindest kritisch gesehen, und Brautpreis, Brautraub und Zwangsverheiratung sollten verboten werden. Letzteres war durchaus auch im Interesse junger Männer, die ihre Angebetete nicht an ältere Männer mit viel Geld verlieren wollten. Es ist kein Zufall, dass die erste Oper Aserbaidschans (und der ganzen islamischen Welt) *Layla und Madschnun*, die 1908 von Üzeyir Hacıbəyov geschrieben wurde, auf einem klassischen arabisch-persischen Stoff beruht, der unter anderem vom aserbaidschanischen Nationaldichter Nizami bearbeitet wurde und die unglückliche Liebe zweier junger Menschen thematisiert, bei denen die Eltern der Frau die Heirat verbieten. Andere Werke Hacıbəyovs haben ein ähnliches Thema, allerdings ohne den tragischen Ausgang von *Leyla und Madschnun*. Es sind Komödien, in denen junge Paare die ältere Generation überlisten und zusammen glücklich werden. Die Musical-Verfilmungen dieser Stücke aus sowjetischer Zeit treiben der Generation im Kaukasus und Zentralasien, die in den 1950er- und 1960er-Jahren jung waren, immer noch Tränen der Rührung in die Augen. Liebesheiraten statt arrangierten Ehen, Brautraub nur mit Zustimmung der Braut, um einem elterlichen Verbot zu entfliehen – wie romantisch!

Auch Ali träumt von Entführung, als Ninos Eltern die Ehe verweigern, und muss sich später damit herumschlagen, dass Nino tatsächlich entführt wird, wobei er den Entführer traditionsgemäß ermordet und seiner Nino natürlich vergibt. Um Frauenrechte geht es hier nicht, denn Nino hat ja ohnehin immer recht, auch wenn sie als Verkörperung des europäischen Einflusses nicht nur seidene Strümpfe trägt und Teppiche auf den Boden legt, anstatt sie an die Wand zu hängen, sondern auch mit Alis Freunden zusammensitzt und in dieser Männerrunde ihre Meinung vertritt.

Dass die Ideen zur Förderung der Frauenrechte nicht nur hehre Ziele einer eigentlich machtlosen Opposition zum Russischen Reich und dem islamischen Klerus waren, sondern durchaus ehrlich gemeint, zeigt sich daran, dass in der kurzlebigen aserbaidschanischen Republik 1918 das Frauenwahlrecht eingeführt wurde, ebenso wie in Georgien und Armenien (und nicht – wie häufig angegeben – erst mit Eingliederung des Südkaukasus in die Sowjetunion 1921).

Trotz dieser Vorgeschichte galten nach der sowjetischen Eroberung die Frauen vor allem in den muslimischen Gebieten des Südkaukasus wie auch in Zentralasien als unterdrückter als ihre Geschlechtsgenossinnen im Westen der Sowjetunion. In den Anti-Religionskampagnen, die in den 1920er-Jahren begannen, stand in den mehrheitlich von Muslimen bewohnten Gebieten die Befreiung der Frau im Fokus. Öffentliche Entschleierungen mit fotowirksamen Verbrennungen der Schleier fanden überall in Zentralasien und dem muslimischen Kaukasus statt. Obgleich heute von Wissenschaftlern gern darauf hingewiesen wird, dass die beteiligten Frauen nur die Frauen und Töchter hochrangiger Parteifunktionäre (oder solcher, die es werden wollten) waren und dass diese selbstverständlich am nächsten Tag wieder Schleier trugen, hatten die Kampagnen langfristig doch Erfolg: Kopftuch oder gar Schleier sind selten zu sehen in Aserbaidschan und wenn, dann sind sie eher das Ergebnis einer modernen Sinnsuche durchaus gebildeter Frauen nach neuer Religiosität als das Symbol einer durch die Zeit der Sowjetunion hindurch beibehaltenen traditionellen Lebensweise.

Der Auftritt von Frauen als Arbeiterinnen und Expertinnen in der Öffentlichkeit bekam entscheidende politische Bedeutung: Die sowjetische Frau sollte im Berufsleben den Männern in allem gleichgestellt sein. Die ersten Traktormechanikerinnen, Pilotinnen, Fallschirmspringerinnen wurden zu Volksheldinnen stilisiert. Als kämpferische Bäuerin erschienen Frauen neben dem Baku-Ölarbeiter auf Wandgemälden, Mosaiken oder Teppichen. Die Vielzahl der Frauen, die bis heute im schlechtbezahlten Bildungs- und im Sozialsektor arbeiten, waren und sind dagegen immer eine Selbstverständlichkeit.

Die aserbaidschanische Regierung wandelt in diesem Fall bis heute in den Fußstapfen der alten: Das Denkmal der Frau, die ihren Schleier abwirft, steht immer noch an einem verkehrsumtosten Platz in der Bakuer Innenstadt. Der Internationale Frauentag am 8. März ist – wie in den beiden anderen Kaukasus-Republiken – immer noch gesetzlicher Feiertag und der sowjetische Brauch, Ehefrauen, Töchtern und eventuell auch Kolleginnen Blumen mitzubringen, beschert den Blumenverkäuferinnen immer noch einen erfreulichen Umsatz.

Vielen Frauen scheinen Blumen und politische Anerkennung ihrer Berufstätigkeit auch ausreichend: „Wir haben kein Gender-Problem in Aserbaidschan", erklärt mir eine Bekannte, die an der Akademie der Wissenschaften arbeitet und gerade bei Konferenzen im Westen viel über „Gender-Probleme" gehört hat, „wir sind schließlich kein islamisches Land", und beweist damit die Zugehörigkeit Aserbaidschans zum Westen, wo viele ebenfalls glauben, dass Unterdrückung der Frauen nur bei den anderen – am ehesten bei den Muslimen – vorkommt. Dabei ist nicht zu leugnen, dass die südkaukasischen Staaten unabhängig von der Religion durchaus Probleme haben, die ich vielleicht nicht als „Gender-Probleme" bezeichnet hätte, aber die durchaus unter diesen Begriff fallen könnten. Denn die weitgehend verinnerlichten sowjetischen Norm, dass die berufstätige Frau den Sozialismus bzw. den Staat (mit) aufbaut (und nebenbei mit ihrem Gehalt das Überleben der Familie sichert), gehört in den öffentlichen Bereich. Was sich allerdings hinter den blaugestrichenen Hoftoren auf dem

Land und hinter den Wohnungstüren der Apartmentblocks in den Städten abspielt, war und ist – zumindest was das Verhältnis der Geschlechter angeht – politisch vollkommen gleichgültig. Unabhängig davon, wie viel sie in ihrem Beruf arbeiten, sind Frauen allein für den Haushalt und die Kinder zuständig, häusliche Gewalt ist immer noch ein Tabu (im besten Fall, im schlimmsten Fall gilt sie als normal und gerechtfertigt) und selbstverständlich geht eine Frau als Jungfrau in die Ehe. Begründet wird dies in Aserbaidschan meist mit „unserer Kultur", die allerdings weniger mit dem Islam erklärt oder gar mit ernsthaften Koran-Kenntnissen untermauert wird, sondern sich eher auf unklare Traditionen bezieht, auf einem „Warum sollte es anders sein?" fußt. Armenier und Georgier können dagegen bei Bedarf oft einen klar frauenfeindlichen Patriarchen zitieren – ob der das dann wirklich so gesagt hat, ist nebensächlich – und: Wer will schon einem Patriarchen widersprechen?

Nein, die Unabhängigkeit hat die Frauenrechte nicht gestärkt. Ältere Frauen klagen nicht selten, dass es im Gegenteil schlimmer geworden sei, dass die Mädchen immer früher heiraten würden, dass immer mehr Männer Geliebte hätten, dass Scheidungen gleichzeitig schwieriger würden und dass Frauen in immer schlechter bezahlten Berufen arbeiten müssten. Manches mag Nostalgie sein, aber dass im ganzen Kaukasus das (inoffizielle) Heiratsalter sinkt und die Zahl der von den Eltern arrangierten Ehen steigt, ist auch in internationalen Berichten angekommen. Vielleicht hätte man die Musikfilme nach Hacıbəyov doch nicht ins Archiv unter „Historische Größen" ablegen sollen.

Der Kampf gegen häusliche Gewalt steht immer noch am Anfang – ja, manches spricht dafür, dass alles noch schlimmer werden wird. Ein Band mit Statistiken aus dem Jahr 2006, herausgegeben von USAID, UNICEF und dem Statistischen Komitee Aserbaidschans, beschäftigt sich ausdrücklich mit häuslicher Gewalt und den Gründen, weswegen Männer und Frauen in Aserbaidschan glauben, ein Mann dürfe seine Frau schlagen. Hier wird es – gelinde gesagt – unschön: Für mehr als 50 Prozent aller Aserbaidschaner gibt es Situationen, in denen ein Ehemann zuschlagen darf. Bei den Frauen sind es kaum weniger. Am erschreckendsten ist, dass es vor allem ganz junge Männer sind, die das Schlagen von Frauen befürworten: Am meisten Zustimmung findet das Schlagen von Ehefrauen bei den Zwanzig- bis Vierundzwanzigjährigen (63,9 Prozent), gefolgt von den Fünfzehn- bis Neunzehnjährigen (63,1 Prozent). Bei den fünfundvierzig- bis neunundvierzigjährigen Männern sind es „nur" 50 Prozent. Am ehesten berechtigt zuzuschlagen glauben sich die Herren, wenn sie mit ihrer Frau streiten (55 Prozent der Zwanzig- bis Vierundzwanzigjährigen) oder wenn diese das Haus ohne ihre Erlaubnis verlässt (46,3 Prozent derselben Altersgruppe, 32 Prozent der Fünfundvierzig- bis Neunundvierzigjährigen). 10,7 Prozent der jüngeren Männer finden es berechtigt, dass sie ihre Frau schlagen, wenn sie das Essen anbrennen lässt (5,2 Prozent sind es bei den älteren). Interessanterweise rangiert die Verweigerung, mit ihm zu schlafen, als Grund für das Schlagen von Frauen gar nicht so viel höher: 15,7 Prozent bei den jüngeren, 8,2 Prozent bei den älteren. Das könnte damit zusammenhängen, dass viele Männer eine Geliebte haben und für sie in der Ehe dann wohl eher der Versorgungsaspekt die entscheidende Rolle spielt.

Besonders in Armenien und Georgien, wo noch sehr viele Männer im Ausland, vor allem in Russland arbeiten, ernähren viele von ihnen zwei Familien: eine, mit der sie übers Jahr zusammenleben, und eine, die sie bestenfalls zwei Monate im Sommer sehen. Ganze Dörfer in Armenien sind nur noch von Frauen, Kindern und Alten bewohnt. In Aserbaidschan ist die Situation durch den Wirtschaftsaufschwung der letzten Jahre etwas besser. Ob es angesichts des fallenden Ölpreises so bleibt, ist eine andere Frage. Von der großen orientalischen Liebe, die Essad Bey beschwört, ist da nur wenig zu spüren – oder liegt es einmal mehr an den

Europäern, die das alles nicht verstehen? Immerhin räumt auch Essad Bey in Bezug auf den schon angesprochenen Brautraub, der von ihm aus Frauensicht abstoßend romantisiert wird, ein:

Nicht immer aber verläuft die Liebe ungestört; auch im Orient gibt es Nebenbuhler, unglückliche Liebe, Ehehindernisse, Hass und Verrat. Schon am Brunnen zeigt sich der erste Liebeskummer, z. B. wenn das Mädchen krampfhaft nicht auf die Blicke des Mannes reagiert. Dann steht dem Mann, wenn er ein richtiger Mann ist, nur ein Weg offen, er muss das Mädchen gewaltsam entführen. (...), es in ein fremdes Dorf bringen und vergewaltigen. Nach dem Gesetz der Berge muss das Mädchen den Entführer dann heiraten. Die gewaltsame Entführung gehört zu den romantischsten Ereignissen des Berglebens, sie ist bestimmten Gesetzen und Traditionen unterworfen, hat einen feststehenden Verlauf und wird mit Spannung im ganzen Land verfolgt.

Am Abend vor dem Brunnen, vollführt der Freier den Raub. Von Freunden umgeben, überfällt der junge Mann das Mädchen, wirft ihm einen Sack über den Kopf und reißt es in den Sattel.

Aus „Die Liebe",
in *Zwölf Geheimnisse im Kaukasus*

Brautraub scheint bis heute vor allem ein Phänomen der Bergregionen zu sein. Während es aus Aserbaidschan kaum Berichte darüber gibt (was nicht heißt, dass es dort nicht bisweilen auch vorkommt und einfach nur nicht angezeigt wird), ist das Problem im Nordkaukasus und Georgien offenkundiger. Hier – wie auch in manchen Teilen Zentralasiens – gibt es seit Ende der Sowjetunion eine deutliche Rückkehr zu dieser „romantischen" Tradition, die immer noch weitgehend so durchgeführt wird, wie von Essad Bey beschrieben – außer, dass der Brunnen nun die örtliche Oberschule ist und statt des Pferdes Autos zum Einsatz kommen. Obwohl immer wieder betont wird, dass es auch Brautraub mit

Zustimmung der Braut gebe (wenn die Eltern der Heirat nicht zustimmen), ist es doch in den meisten Fällen eine rückwirkend durch die Ehe legitimierte Vergewaltigung. Denn angesichts der Bedeutung der Jungfräulichkeit bleibt gerade in ländlichen Gebieten nur der Weg, den Entführer zu heiraten. Doch dass man als Jungfrau in die Ehe geht, ist auch bei der Stadtbevölkerung ein wichtiges Thema: Eine georgische Kollegin, die nach kaukasischen Verhältnissen spät, „erst" mit Anfang dreißig, geheiratet hatte, versicherte mir, sie sei aber noch Jungfrau gewesen – wobei ich keine Ahnung hatte, wie ich angemessen auf diese Aussage reagieren sollte. Nötig wäre ihre Enthaltsamkeit nicht gewesen, denn viele Gynäkologen hier sind auf die Reparatur von Jungfernhäutchen spezialisiert. Aber darüber spricht man nicht.

Ein noch größeres Tabu als häusliche Gewalt, Brautraub und der Zwang, als Jungfrau in die Ehe zu gehen, ist die Abtreibung weiblicher Föten. Hierbei liegen Aserbaidschan und Armenien weltweit ganz weit vorn, Georgien nur wenig dahinter. Indien und China mögen wegen ihrer hohen Bevölkerungszahl mit weitaus höheren Zahlen schockieren, der Südkaukasus rangiert in dieser üblen Statistik allerdings prozentual sehr weit vorn: In Armenien kamen laut *CIA factbook* 2015 auf 100 geborene Mädchen 113 Jungen, in Aserbaidschan 111. (Zum Vergleich: China hatte 2015 ein Geschlechtsverhältnis bei Geburt von 115 Jungen zu 100 Mädchen, Indien 112 zu 100). In anderen Jahren führte Aserbaidschan die Liste weltweit knapp an, und in den Jahren 2005 bis 2009 schlug Georgien alle anderen Länder mit einem Verhältnis von 120 Jungen zu 100 Mädchen, verzeichnet seitdem aber sinkende Zahlen und ist mit 108 Jungs auf 100 Mädchen fast beim natürlichen Verhältnis von 105 zu 100 angelangt. Es ist ein Geheimnis, um das jeder zu wissen scheint und für das jeder eine Erklärung hat. „Die meisten Männer und vor allem die meisten Schwiegermütter wollen keine Mädchen und die Frauen trauen sich spätestens beim zweiten Kind nicht mehr zu widersprechen", sagt meine Bekannte, die doch gerade noch behauptet hatte, es gebe keine „Gender-Probleme" in Aserbaidschan. Tatsächlich scheint beim ersten Kind das Geschlecht noch nicht so wichtig zu sein, bei allen folgenden steigt der Druck, einen Jungen zur Welt bringen zu müssen, massiv an – bei allen Beschwörungen, wie kinderlieb der Kaukasus sei und wie sehr man hier Großfamilien schätze: Zumindest in den Städten haben kleine Wohnungen, schlechte Gehälter und enorm hohe Ausbildungskosten die Zwei-Kind-Familie mittlerweile zur Regel gemacht. Dass Abtreibungen in den Zeiten fehlender Verhütungsmittel in der Sowjetunion die üblichste Form der Familienplanung war, trägt heute sicher dazu bei, dass die Lösung des Problems der „zweiten Tochter" relativ einfach erscheint.

Den Regierungen fällt nichts anderes ein, als eine Verschärfung des Abtreibungsrechts zu diskutieren. Bisher ist Abtreibung bis zur zwölften Woche in jedem der drei Länder erlaubt. Da das Geschlecht sich erst nach dem dritten Monat bestimmen lässt, würde ein strengeres Recht hier nichts bringen. Denn schon jetzt finden die Abtreibungen weiblicher Föten in der Grauzone fragwürdiger „medizinischer oder sozialer Gründe" für Spätabtreibungen oder in der vollständigen Illegalität statt. Eine Kleinigkeit, die den hauptsächlich männlichen Politikern und Journalisten, die sich dafür aussprechen, nicht aufzufallen scheint.

Selbst den Kirchen fällt nicht allzu viel zu diesem Thema ein. Der armenische Patriarch soll einmal gewarnt haben, die Überzahl an Männern werde in der nächsten Generation zu einer Zunahme von homosexuellen Männern führen, weshalb man doch bitte mit den Abtreibungen aufhören solle. Zumindest in meinem Umfeld traute dem Patriarchen jeder eine derart interessante Prioritätensetzung zu.

„Ich verstehe das alles auch nicht", sagt eine armenische Psychologin, „aber viele Frauen hier sind der Ansicht, dass es für ein Mädchen besser sei, gar nicht erst geboren zu werden." Mangelndes Selbstwertgefühl von Frauen ist ein weiteres Problem, an dem auch Frauenrechtlerinnen in der Region manchmal verzweifeln, wenn Frauen, die seit Jahren die Familie allein mit ihrer Arbeit über Wasser halten, sich dann bei häuslicher Gewalt nicht trennen mit der Begründung, dass der Mann ja der Ernährer sei. Und gleichzeitig begegne ich immer wieder Politikerinnen, Professorinnen, Journalistinnen und Künstlerinnen aller Altersgruppen, deren Selbstbewusstsein und professionelles Auftreten im Berufsleben mit denen der Männer mühelos mithalten können. Die gesellschaftliche Schicht mag dabei eine Rolle spielen, aber wie überall auf der Welt geht auch im Südkaukasus häusliche Gewalt durch alle Schichten und das Verhältnis von Mädchen und Jungen bei der Geburt läge bei Weitem nicht so weit auseinander, wenn nicht auch Akademikerinnen lieber Jungen gebären würden.

    Habe ich Erklärungen? Nein. Aber ich sagte ja schon, dass der westliche Blick noch nie viel zum Verständnis der Situation beigetragen hat.

Bei den Deutschen in Aserbaidschan

Die Kolonie Helenendorf ist das Merkwürdigste, was man in Aserbaidschan vorfinden kann. ... Im Dorf leben vollblütige Schwaben, deren Vorväter vor über hundert Jahren aus ihrer Heimat ausgewandert waren, sich ausgerechnet nach Aserbaidschan verirrten und dort zwischen Aisoren und Kipta, Osseten, Chanen, Räubern und Nomaden ungeachtet der ringsum nie aufhörenden Sippenfehden ein mustergültiges deutsches Dorf geschaffen haben.

Aus „Deutschland in Aserbaidschan",
in *Öl und Blut im Orient*

Kaum bin ich in Aserbaidschan angekommen, begegne ich den Geschichten von den Schwaben im Kaukasus. Die meisten Aserbaidschaner, die hören, dass ich aus Deutschland komme, fragen früher oder später, ob ich schon in den deutschen Dörfern gewesen sei. Auf meinen fragenden Blick hin erzählt man mir gern von den Auswanderern, die im 19. Jahrhundert in der Region rund um Gəncə Dörfer mit so klangvollen Namen wie Helenendorf, Annenfeld und Traubenfeld gegründet haben. Schöne und reiche Dörfer seien es gewesen und die Deutschen gute und ehrliche Nachbarn, mit denen die Aserbaidschaner in bestem Einvernehmen zusammenlebten. Außerdem hätten sie die Weinproduktion nach Aserbaidschan gebracht und damit einen völlig neuen Wirtschaftszweig geschaffen.

Bis dahin hatte ich nie davon gehört, dass es Deutsche auch bis in den Südkaukasus verschlagen hatte. Ins heutige Rumänien oder an die Wolga, ja, aber in den Kaukasus? Die ganze Geschichte klingt mir eher wie eine weitere Schwärmerei von einer wunderbaren, ebenso friedlichen wie vergangenen Zeit, die so ganz anders ist als die heutige.

Aber wie alle Mythen hat natürlich auch diese einen wahren Kern, denn niemand denkt sich deutsche Dörfer im Südkaukasus aus: Tatsächlich waren schwäbische Auswanderer in der ersten Hälfte des 19. Jahrhunderts dem Ruf des Zaren gefolgt, der die neu eroberten Gebiete im Südkaukasus bevölkern wollte und dafür christliche Siedler bevorzugte. Man ging davon aus, dass die Deutschen dem Zarenreich gegenüber an der Grenze zum muslimischen Persien loyaler sein würden als Muslime, und die schwäbischen Pietisten mit ihrer obrigkeitstreuen Einstellung kamen da gerade recht.

Die Schwaben schützen ihr Dorf, überließen die Politik den Eingeborenen, warteten das Ende der Kämpfe ab und fragten dann in aller Ruhe nach, wem sie künftig ihre Steuern zu zahlen hätten.

Aus „Deutschland in Aserbaidschan",
in *Öl und Blut im Orient*

Aber auch das regelmäßige Zahlen der Steuern half nicht mehr, als Deutschland im Sommer 1941 die Sowjetunion überfiel. Stalin ließ die Kaukasus-Schwaben genau wie alle anderen deutschstämmigen Siedler der westlichen Sowjetunion nach Kasachstan deportieren. Aus dem deutschen „Helenendorf" wurde das sowjetische Xanlar und nach der Unabhängigkeit das aserbaidschanische Göygöl.

Jahrzehnte sprach man dann nicht mehr über die ehemaligen Nachbarn, die man sowieso kaum gekannt hatte. Doch heute erzählt man ihre Geschichte wieder und seit der Unabhängigkeit kommen immer wieder Kinder und Enkel der alten Siedler nach Aserbaidschan – auf der Suche nach dem verlorenen Paradies ihrer Eltern und Großeltern.

Auch ohne familiären Hintergrund ist für mich klar: Ich kann Aserbaidschan nicht verlassen, ohne die berühmten Dörfer besucht zu haben. Praktischerweise liegen sie nahe bei Gəncə, der zweitgrößten Stadt Aserbaidschans und damit auch an der Strecke von Baku nach Georgien. Ich kann also bequem auf meinem Weg nach Tbilisi einen kleinen Abstecher machen. Damit begebe ich mich ein weiteres Mal auf die Spuren von Essad Bey, den es auf seiner Flucht vor den Bolschewiki aus Baku nach Westen in die deutschen Dörfer verschlug, wo er für eine Weile Unterschlupf fand. Ich fliehe zwar nur vor dem Bakuer Baulärm und einer überfüllten Ausländer-WG, aber etwas ländliche Ruhe würde auch mir gerade guttun.

Der Eindruck von Aserbaidschan auf der Fahrt nach Gəncə ist ernüchternd. Von den berühmten sieben verschiedenen Klimazonen und den nirgendwo sonst auf dieser Erde versammelten unterschiedlichen Naturräume auf engstem Raum merkt man auf der neugebauten Autobahn von Baku nach Gəncə nichts. Sechs Stunden sehe ich vom Fenster des Minibusses in eine unverändert flache Landschaft, die einzige Abwechslung ist die von flacher Steppe und flachem fruchtbarem Land. Selbst der Anstieg in den Kaukasus kurz vor Gəncə geschieht so allmählich, dass er kaum wahrzunehmen ist.

Gerade, als ich anfangen will, zu glauben, die romantischen Beschreibungen eines deutschen Dorfes mit Blick auf die Gipfel des schneebedeckten Kaukasus wären pure Erfindung und wir würden doch wieder in einem Steppendorf landen, erscheint auf einmal das Gebirge. Das frühere Helenendorf, das berühmteste der deutschen Dörfer, bietet tatsächlich einen wunderbaren Blick auf die Berge! Auch wirkt es tatsächlich auffallend anders als die anderen aserbaidschanischen Dörfer, durch die wir bisher gekommen sind. Hier gibt es keine hohen Mauern, hinter denen sich die Häuser verbergen, sondern holzverkleidete Fassaden mit Veranden und Balkonen zur Straße hin. Der Blick in die Gärten allerdings ist versperrt, Vorgärten kannten die Kolonisten wohl nicht. Über den Toreinfahrten verweisen deutsche Namen noch auf die ehemaligen Besitzer des Hauses: Karl Ziele, Albert Reitenbach,

Georg Koch ... Die schnurgraden Straßen sind baumbestandene Alleen, und zwischen Bürgersteigen und Straße ziehen sich Kanäle, die ursprünglich das Schmelzwasser aus den Bergen auffangen und für die Klimatisierung des Dorfes sorgen sollten. Kühlung wäre an diesem heißen Septembertag auch eine gute Idee, aber die Kanäle sind trocken und voller dürrem Laub.

„Ein typisches deutsches Dorf", erklärt mein Begleiter stolz. „Sieht es nicht aus wie bei dir zu Hause?" Ich blicke die lange Straße mit hellen Kiefernholzpaneelen verkleideten Häusern entlang, die alle sehr ähnlich aussehen, und fühle mich eher an ein schwedisches Möbelhaus erinnert als an deutsche Dörfer. Bei der Blitzrestaurierung der Regierung im Jahr 2011 wurden alle Fassaden des Dorfes einheitlich verkleidet, und nur die Musikschule, die diesem Schicksal aus unerfindlichen Gründen entgangen ist, lässt ahnen, wie vielfältig die Farben und Schnitzereien der Fassaden einmal gewesen sein müssen. (Heute stellt sich die Frage, wer das Geschäft mit diesen Paneelen wohl gemacht hat.)

„Na ja, ich komme ja nicht aus Schwaben", ist die diplomatischste Antwort, die mir einfällt. Zum Glück ist mein Begleiter verständnisvoll: „Deutschland ist auch ein sehr vielfältiges Land, nicht wahr? Wie Aserbaidschan. Hier lebten Aserbaidschaner und Juden, Assyrer und Deutsche immer friedlich zusammen."

Diese Schwaben haben trotz der rein aserbaidschanischen Nachbarschaft, die sie seit hundert Jahren umgibt, nicht eine einzige der mitgebrachten Eigenschaften eingebüßt und so gut wie nichts von den Inländern übernommen. Die meisten von ihnen verstehen kein Wort der Landessprache ... Andere Sprachen brauchen sie nicht, da sie so gut wie mit niemandem zusammenkommen. ... Sie senden oft Angehörige nach Deutschland und sorgen dafür, dass sie hinter einem reichen deutschen Dorf in nichts zurückstehen.

Aus „Deutschland in Aserbaidschan", in Öl und Blut im Orient

Kein Interesse, die Sprache zu lernen, kein Kontakt zu den neuen Nachbarn, Festhalten am Herkunftsland als der wahren Heimat – fassen wir das einmal in heutigem Deutsch zusammen: die Helendörfler waren Integrationsverweigerer. Umso erstaunlicher ist, dass die aserbaidschanische Regierung die deutschen Dörfer immer wieder als Musterbeispiel für das multikulturelle Aserbaidschan nennt und ein Museum der Kaukasus-Deutschen erbauen möchte, in dem genau dieses multikulturelle Zusammenleben gefeiert werden soll. Entstehen soll es im Haus von Viktor Klein, dem legendären letzten Deutschen in Aserbaidschan. Als Sohn eines russischen (nach anderen Quellen polnischen) Arztes und einer Deutschen gehörte er zu der Gruppe, die es laut Essad Bey nicht gegeben haben kann: den Kindern von Deutschen und Nicht-Deutschen.

Die deutschen Kolonisten, die nichts mit den „Farbigen" zu tun haben wollen, werden selbst bald „farbig" sein. Dass diesem Umstand keine Vermischung der Rassen zugrunde liegt, wird jeder, der das Leben der deutschen Kolonisten kennt, bestätigen. Vermischung zwischen Eingeborenen und Kolonisten ist unmöglich. ...

Aus „Deutschland in Aserbaidschan",
in *Öl und Blut im Orient*

Diese Gruppe, die zumindest teilweise den Deportationen nach Kasachstan entgangen ist, kann wohl kein Einzelfall gewesen sein, begegnet man doch immer wieder Menschen, die von Deutschen im Familienstammbaum erzählen. Manche Aserbaidschaner erzählen auch von ehemaligen Nachbarn, die es später geschafft hätten, nach Deutschland auszuwandern. Aber keiner hat so an seinem Deutschtum festgehalten wie Viktor Klein. Als letzter Deutscher hielt er die Fahne und die schwäbische Sprache hoch und schaffte es so sogar in einen Reiseführer – als bemerkenswerter Gastgeber und beste Quelle für die Geschichte des

Dorfes, mit dem kleinen Vermerk „zumindest solange er nüchtern genug ist". Geheiratet hat er nie, Nachbarn erzählen, dass er das ja auch nicht gekonnt hätte: Wo hätte er denn im sowjetischen Aserbaidschan eine Deutsche kennenlernen sollen?

2007 starb nun auch der letzte Deutsche und hinterließ einen Hausstand, der tatsächlich auch der eines alten, einsamen Mannes in einem deutschen Dorf gewesen sein könnte: mit Sprichworten bestickte Wandbehänge und einen Plastikweihnachtsbaum, ein durchgesessenes Sofa, einen Plattenspieler – und sehr viele leere Flaschen im ehemaligen Weinkeller. Wem genau das alles nun gehört, ist eine viel diskutierte Frage. Kleins Wunscherbe wäre die deutsche Botschaft in Baku gewesen, die das Erbe aber aus rechtlichen Gründen nicht annehmen konnte (und vielleicht auch dankend auf ein baufälliges Haus in der aserbaidschanischen Provinz verzichtete). Dennoch engagiert auch sie sich bei der Planung des Museums, ebenso wie das Kultusministerium und das Gouverneursamt. Diese Kombination scheint die Planung nicht einfacher zu machen. Immerhin hat man sich im Frühjahr 2015 auf das Ausstellungskonzept der deutschen Professorin Eva-Maria Auch geeinigt und den gesamten Hausrat inventarisiert. Deutsche Restauratoren sollen in absehbarer Zeit mit der Säuberung der Gegenstände und dem Umbau des Hauses zum Museum beginnen – wenn der ölpreisgeschädigte aserbaidschanische Staatshaushalt das zulässt.

Wem auch immer das Haus gehören mag: Herr über den Zugang ist unbestreitbar der einundachtzigjährige Fikret, der sich heute noch als Viktor Kleins besten Freund bezeichnet und als einziger den Schlüssel zum Haus besitzt. Ein schmaler, alter Mann mit einem wettergegerbten Gesicht und der typischen schwarzen Mütze aserbaidschanischer Männer hier im Dorf, bei dem es uns einen Moment lang leidtut, ihn in der ärgsten Hitze des Septembertages zum Viktor-Klein-Haus zu rufen, damit er uns die Tür aufschließt. Er gibt meinem Begleiter die Hand, und ich sehe, wie dieser verzweifelt versucht das Gleichgewicht zu halten, als Fikret ihn mit unbewegter Miene und eisernem Griff fast zu Boden zieht. Fikret lacht verschmitzt. Die Jugend von heute ist eben auch nicht mehr das, was sie zu seiner und Viktor Kleins Zeit einmal war. Mit der Bezeichnung „schmaler, alter Mann" sollte man wohl doch vorsichtig sein.

Er führt uns durch die Räume, die durch die Vorbereitungen des Museumsprojekts an Charme verloren haben. Nicht mehr das bunte Durcheinander von Nippesfiguren, Bildern und Büchern auf dem Klavier, wie es Fotos von früheren Besuchern zeigen, sondern sorgfältig nummerierte und gut verklebte Pappkartons. Auf den Möbeln sind die Inventarnummern zu lesen; sie wurden mit Tipp Ex oder Edding in großen Ziffern daraufgeschrieben – ich möchte nicht dabei sein, wenn die angekündigten deutschen Restauratoren das Haus besichtigen. Schon in der Planungsphase entsteht also das typische Museumsproblem: Der nötige Schutz der Objekte beginnt bereits, dem Haus als Ganzes den Zauber zu nehmen. Während wir im Haus herumgehen, kommen zwei Nachbarsfrauen vorbei. Deutsche Gäste sprechen sich immer noch schnell herum, und sie wollen wissen, ob ich auch kaukasusdeutsche Wurzeln hätte. Ein bisschen enttäuscht sind sie, als ich verneine. Dann würde ich wohl auch „ihre Deutschen" nicht kennen. „Ihre Deutschen" seien die Kinder der früheren Besitzer ihrer Häuser und kämen in den letzten Jahren manchmal zu Besuch. Ich solle mir doch mal die Fotos anschauen, vielleicht würde ich sie ja doch kennen? Nein? Schade, sonst hätten sie mir Marmelade mitgeben können, die würden die Deutschen doch zu Hause so nicht bekommen. Wenn ich wolle, könne ich bei ihnen vorbeikommen und auch die Weinkeller ihrer Häuser besichtigen. Die Frauen sind sichtlich stolz auf ihren Kontakt nach Deutschland, aber Fikret reagiert unwillig auf ihre Begeisterung: „Die wissen nichts über Deutsche", erklärt er, nachdem er die beiden herauskomplimentiert hat. „Die sind neu hier." Wie die meisten in Göygöl, erfahre ich, denn das Dorf werde heute hauptsächlich von aserbaidschanischen Flüchtlingen aus Armenien bewohnt. Kein lebender Deutscher mehr, nur wenige aserbaidschanische Zeitzeugen, die letzten materiellen Spuren mit immer gleichen Paneelen verkleidet oder in Kisten gepackt ... irgendwie hatte ich mir den Besuch im deutschen Dorf doch informativer vorgestellt.

Aber es gibt noch die alte Kirche mit einer kleinen Ausstellung, die abgesehen von einer Reihe landwirtschaftlicher Geräte und Haushaltsgegenstände ohne für den Laien ersichtlichen Bezug zu Deutschland vorwiegend aus Kopien von Fotos und Archivdokumenten besteht. Essad Beys Aussage über das Festhalten am Deutschtum wird hier noch einmal bestätigt: Von dem deutschen Klavierabend im Gemeindehaus bis zur Landsmannschaft „Kaukasia" der Helenendorfer Söhne während des Studiums an der Universität in Tübingen ist alles dabei.

Nach dem Ausstellungsbesuch dann eine weitere Besonderheit von Helenendorf: Deutsche Bratwurst bei Larissa, einer Assyrerin. Die kleine Gruppe der christlichen Assyrer, die bei Essad Bey erwähnten „Aisoren", gehörte zu den wenigen Nicht-Deutschen, die schon immer in Helenendorf lebten. Ob nun Deutsche und Assyrer gemeinsame Kinder hatten, sei dahingestellt, auf jeden Fall waren die Kontakte eng genug, dass die Frauen Rezepte austauschten. So blieb zumindest die Bratwurst nach den Deportationen in Aserbaidschan. Neugierig frage ich, wo denn das Schweinefleisch für die Würste in diesem muslimischen Land herkäme. Larissa hält sich den Bauch vor Lachen: Jeder, aber auch wirklich jeder Deutsche, der durch diese Tür käme, würde diese Frage stellen. Ob wir das in Deutschland auch täten? Ich denke an die langen Listen von Inhaltsstoffen und Herkunftsangaben in manchen deutschen Speisekarten und beschließe, dass Larissa mir das ohnehin nicht glauben würde. Trotzdem erklärt sie uns gern, dass das Fleisch von Schweinen stamme, die von den christlichen Uden im Norden gezüchtet würden – von den

Bewohnern von Nij, zu deren Schweinespezialitäten ich es nicht geschafft habe! Bisher reiche es, aber wenn erst die Massen in das neue Museum strömten, werde sie wohl versuchen, auch Schweine aus Georgien zu importieren. Aber bis dahin wird es wohl noch eine Weile dauern.

Nach dem Essen wandern wir unter Fikrets Führung aus dem Dorf hinaus, an der Weinfabrik, an der stolz das Gründungsdatum 1860 prangt, vorbei zum alten deutschen Friedhof. Auch hier hat Fikret den Schlüssel, er öffnet uns das Tor, auf dem immer noch (oder wieder? Es sieht eigentlich zu neu aus, um aus der Zeit vor 1941 zu sein.) „Friedhof" steht. Auf den verwitterten Grabsteinen wieder die deutschen Namen, die auch über den Hofeinfahrten stehen. Auch wenn der Kaukasus in der Erinnerung der Kolonisten im kasachischen Exil und vor allem in dem, was man Kindern und Enkeln erzählt, als Paradies erscheinen: Leicht kann das Leben nicht gewesen sein, denn die Lebenserwartung scheint nicht hoch gewesen zu sein.

Die Deportation der Deutschen führte zu einem massiven Mangel an Arbeitskräften in der Landwirtschaft und in der zweifellos kriegswichtigen Wein- und Sektproduktion. Gut, dass man schnell eine Lösung für die fehlenden deutschen Arbeitskräfte fand: deutsche Arbeitskräfte. Direkt neben dem ehemaligen deutschen Dorf, dessen Einwohner man aus strategischen Gründen deportiert hatte, entstand ein Lager für deutsche Kriegsgefangene. Nicht alle überlebten die Zeit im ehemaligen deutschen Paradies am Kaukasus und so erinnert ein Mahnmal direkt neben dem deutschen Friedhof an die dort gestorbenen Kriegsgefangenen.

Zwischen dem Friedhof der Helenendörfler mit seinen letzten Beerdigungen um 1940 und dem neuen aserbaidschanischen Friedhof, auf dem die meisten Gräber aus den 1990ern sind, dehnt sich ein leere Fläche aus. Und eine riesige Brachfläche dehnt sich auch in der Geschichte des Ortes, zwischen der Zeit, als es Helenendorf hieß, und dem heutigen Göygöl. Die meisten heutigen Bewohner zogen, wie bereits erwähnt, erst in den 1990er-Jahren als Flüchtlinge aus Armenien ins Dorf. Zwei ältere Männer erzählen im halbdunklen, staubigen Laden der Weinfabrik, der auf dem Weg zum Friedhof liegt, sie hätten früher in der Cognacfabrik von Jerewan gearbeitet. Die Einwohner des Dorfes scheinen seit siebzig Jahren danach ausgesucht zu werden, wer imstande ist, die Weinproduktion weiter zu betreiben. Kein schlechtes Argument, aber nach zwei Kostproben verabschiede ich mich höflich, ohne etwas gekauft zu haben. Himmel, es ist manchmal doch unglaublich, was man unschuldigen Trauben antun kann! Ob der Wein zu den großen Zeiten der Schwaben besser war? Vermutlich, die Konkurrenz mit den georgischen Weinen, die damals noch frei von allen Grenzen und Zollvorschriften nicht nur nach Baku, sondern ins ganze Russische Reich (und später in die ganze Sowjetunion) geliefert werden konnten, hätten sie wohl sonst kaum so lang bestehen können.

Mehr als Frage, was aus dem angeblich einmal zweitbesten Wein der Sowjetunion geworden ist, interessiert mich aber, wer zwischen 1941 und 1990 in dem Ort, der nun nach dem aserbaidschanischen Arbeiterführer Səfərəliyev Xanlar hieß, lebte. Wer (außer den Kriegsgefangenen) betrieb damals die Weinfabrik? Schweigen. Nun, auch ein paar Aserbaidschaner hätten damals im Dorf gelebt, erzählt Fikrets Frau. Ihre Familie zum Beispiel. Dreizehn Kinder seien sie gewesen und die meisten hätten auch im Ort geheiratet. Und warum waren die Häuser leer, in die die Flüchtlinge aus Armenien einzogen? Schweigen. Auch Fikret erzählt lieber wieder von den ordentlichen Deutschen, die in diesem oder jenem Haus gelebt hätten.

Der Wachmann im Gouverneursamt von Göygöl wird deutlicher. Während ich auf Fikret warte, der nur schnell bei ein paar alten Bekannten aus seiner Zeit als Stadtplaner vorbeigucken wollte, bietet der junge Mann in Uniform mir einen Tee und seine

Version der Geschichte des Ortes an. Armenische Nationalisten hätten das Dorf besetzt, nachdem die Deutschen deportiert worden seien. Armenier würden immer aserbaidschanisches Land besetzen, man sehe es ja nur weniger Kilometer entfernt in den Bergen, wo die Waffenstillstandslinie des Karabach-Konflikts verlaufe. Ich bin froh, als Fikret wieder auftaucht. Wenn auch nur für kurze Zeit, denn als nächsten Stopp hat er einen Besuch bei der großen Familie seiner Frau geplant, die die Geburt eines weiteren Nachkommens feiert. Bei noch mehr Tee und Nüssen übernimmt eine Frau um die vierzig die nächste Geschichtsstunde. Jetzt waren es sogar die Armenier, die hinter der Deportation der Deutschen steckten, denn schließlich seien es ja immer die Armenier, die Völkermorde begingen. Ob ich schon einmal von Xocalı gehört hätte? Eben. Wer über 600 aserbaidschanische Dörfler abschlachte, deportiere auch friedliche Schwaben nach Kasachstan.

Ich soll wiederkommen, beschwört Fikret mich, als er mich schließlich in den Bus nach Gəncə setzt. Mit mehr Zeit, am besten im Frühling, wenn in den Bergen die Blumen blühen. Dann werde er mit mir in den Bergen wandern gehen, auf den alten Pfaden, und mir den Göygöl zeigen, den nahen Bergsee, dem der Ort seinen neuen Namen verdankt und von dem auch meine Freunde in Baku schon geschwärmt haben. Auf einmal ist der starke, unermüdliche Fikret doch ein alter Mann, der von vergangenen Zeiten träumt und das Neue nicht wahrhaben will. Denn der Göygöl, der „Himmelssee", wie er übersetzt heißt, ist heute so unerreichbar fern wie die deutschen Nachbarn. Oder sogar noch weiter entfernt, denn manche Kinder und Enkel der Deutschen kehren ja mittlerweile auf der Suche nach der verlorenen Zeit nach Helenendorf zurück. Seit sich aber der Präsident am Göygöl einen Sommerpalast hat bauen lassen, ist das ganze Gebiet um den See mit dem perfekten klaren Wasser, umgeben von hohen Bergen und tiefen Wäldern, für die gemeine Bevölkerung gesperrt.

Hauptargument ist die Nähe zur Waffenstillstandlinie mit Armenien, aber selbst Mitglieder der präsidententreuen Staatsjugend fragen sich, warum ihr verehrter Präsident sich dann dort eine Villa bauen lässt.

Wer in die Berge will, muss es an anderen Orten versuchen.

Über Grenzen – Tekali

So sehr die unterschiedlichen Grenzen, die internationale Waffenstillstandslinie ebenso wie die internen verschlossenen Wege im ehemaligen Helenendorf präsent sind, so weit ist es doch noch zum offiziellen Grenzübergang von Aserbaidschan nach Georgien. Fast 150 Kilometer sind es von Gəncə aus und meine überbehütenden Gastgeber können sich nur mit Mühe damit abfinden, dass ich mich nicht einfach von ihnen ins nächste Marshrutka Richtung Grenze verfrachten lasse, sondern noch auf einer Erkundung Gəncəs bestehe. Eine Frau, allein unterwegs in einer aserbaidschanischen Kleinstadt? Das geht gegen die Ehre als Gastgeber. Wir einigen uns, dass ich mein Gepäck bei einem als vertrauenswürdig eingestuften Kollegen abstelle, und ich mich von ihnen durch die Stadt führen lasse.

Eine breite, staubige Straße führt vom Bahnhof zur Stadt Gandscha. Niedrige Häuser umgaben die Kirchen und Moscheen. Ein trockenes Flussbett trennte das mohammedanische vom armenische Viertel, und ich zeigte Nino den Stein, an dem vor hundert Jahren mein Ahne Ibrahim den russischen Kugeln erlegen war.

Ali und Nino

Die breiten, staubigen Straßen sind mir schon aufgefallen, als wir in die Stadt hineinfuhren. Sie sind gesäumt von Bäumen und Häusern aus unverputzten dunklen Backsteinen, die sich auffallend von den weiß gestrichenen Dorfhäusern der Umgebung unterscheiden. Auch in Baku und Tbilisi sind die Häuser des späten 19. und frühen 20. Jahrhunderts aus diesem Backstein, aber dort sind sie liebevoll verputzt, gestrichen und teilweise mit Jugendstilelementen verziert. Hier sieht es eher nach Industriehöfen aus dem Berlin des 19. Jahrhunderts aus. Dass man dennoch im Kaukasus ist, beweist der Markt, an dem die Minibusse aus Göygöl halten. Die Beschreibung der Märkte des Kaukasus als „bunt" ist einerseits richtig, betrachtet man die Farben des angebotenen Obstes, der Kräuter, des Plastikspielzeugs und der (synthetischen) Stoffe – die Seidenstraße ist räumlich und zeitlich weit entfernt. Das Wort „bunt" erweckt aber auch eine Vorstellung von Freude, die hier kaum zu finden ist. Markthandel ist eine ernsthafte Sache und die Verkäufer scheinen größtenteils keine rechte Begeisterung für ihre Arbeit aufzubringen. Kein Wunder, tagelang und bei jedem Wetter am Stand zu sitzen und selten mehr als den nötigsten Lebensunterhalt zusammenzubekommen, ist keine große Freude.

Nach dem Markt überqueren wir eine Brücke, die hoch über dem tiefen Flusseinschnitt liegt – wobei der Fluss nicht zu sehen ist, sondern nur eine Geröllhalde, in der einige Tümpel stehen. Den Namen des nichtvorhandenen Flusses wissen auch meine Begleiter nicht. Sie entscheiden sich, er heiße so wie die Stadt. Nach Essad Beys Beschreibung gehe ich davon aus, dass „ausgetrocknet" ein Grundzustand dieses Flusses und keine Folge zu intensiver Wassernutzung in der Landwirtschaft seit Sowjettagen ist. Irgendwie beruhigt mich das. Eine Umweltkatastrophe hätte mir gerade noch gefehlt. Auch so sind die Schatten über der friedlichen Kleinstadt mit ihrem lebhaften Markttreiben schon lang genug.

Darüber können auch das farbenfrohe Denkmal des aserbaidschanischen Nationaldichters Nizami Gəncəvi, des berühmtesten Sohnes der Stadt, und seine berühmten sieben Werke nicht hinwegtäuschen. Nizami wurde um 1141 geboren, als die Region zum Seldschukischen Reich gehörte, das im Westen gegen Kreuzritterheere und kleinere türkische Fürstentümer und im Osten gegen weitere türkische und persische Reiche mit Großmachtambitionen zu kämpfen hatte – von den Familienstreitigkeiten innerhalb der Dynastie einmal ganz abgesehen. Als Nizami 1209 starb, hatte er den endgültigen Untergang des Seldschuken-Reiches erlebt, Gəncə stand unter der Herrschaft der Chorezm-Schahs, und weit im Osten machten sich die Heere Dschingis Khans auf den Weg, auch dieses persisch-türkische Reich zu zerstören. Es müssen dennoch ruhige Jahre in Gəncə gewesen sein, in denen Nizami seine Werke schuf, Wein, Weib und Gesang pries und den Grundstein dafür legte, eines Tages der berühmteste Aserbaidschaner überhaupt zu werden. Der Hinweis, dass dies lang vor jedem aserbaidschanischen Nationalgedanken war und dass der aserbaidschanische Nationaldichter auf Persisch schrieb, kann erstaunliche Aggressionen hervorrufen.

Nicht immer lag Gəncə im Hinterland der Kriege: Alis Ahne fiel vermutlich im vierten und letzten der Kriege, die seit dem 18. Jahrhundert zwischen dem Persischen und dem Russischen Reich um die Khanate des Kaukasus geführt wurden. In diesem Krieg zwischen 1826 und 1828 fanden die entscheidenden Schlachten in und um Gəncə statt. Die Russen siegten schließlich über das Persische Reich, dem sich Alis Familie nahe fühlte (ein unabhängiger Südkaukasus oder gar ein Aserbaidschan, für das man hätte fallen können, lag noch in weiter Ferne). Im Frieden von Türkmənçay wurde die bis heute geltende Grenze zwischen dem Iran und den nun russischen Besitzungen, die später Aserbaidschan, Georgien und Armenien werden sollten, festgeschrieben.

Auch Ali und seine Nino holten die Geschichte und der Krieg auf ihrem Landgut nahe Gəncə ein: Es war im Jahr 1920, die Rote Armee drängte auf die Wiedergewinnung der Gebiete der Zaren, und die gerade zwei Jahre alte Republik Aserbaidschan sah sich genau den Truppen gegenüber, von denen sie gerade gedacht hatte, dass sie sie losgeworden sei. Baku fiel ohne nennenswerten Widerstand am 27. April 1920 an die Rote Armee und die letzten Verteidiger der Republik flohen nach Gəncə, wo sie versuchten, das offensichtlich Unvermeidbare aufzuhalten.

Nachts kamen wir in Gandscha an. Die Straßen waren voller Aufregung und Spannung. Auf der Brücke, die Armenier und Mohammedaner trennte, standen Soldaten mit schussbereiten Gewehren und die Fackeln beleuchteten die Fahne Aserbaidschans am Balkon des Regierungsgebäudes. ... Ich sitze an der Mauer der großen Moschee von Gandscha. Ein Suppenteller steht vor mir, und Soldaten mit müden Gliedern liegen im Hof. Vom Fluss her kläffen die Maschinengewehre. Ihr böses Bellen dringt in den Moscheehof und die Republik Aserbaidschan hat nur noch wenige Tage zu leben.

Ali und Nino

Im Herbst 1920 verloren die letzten Verteidiger der Republik Aserbaidschan endgültig gegen die Sowjetmacht. Ein weiteres Mal wurde Aserbaidschan in Gəncə einem russisch geprägten Reich eingegliedert. Den anderen südkaukasischen Republiken ging es nicht besser. Aserbaidschan, Armenien und Georgien bildeten von 1922 bis 1936 die Transkaukasische Sozialistische Föderative Sowjetrepublik, aus der schließlich die drei gleichnamigen südkaukasischen Sowjetrepubliken wurden. Der Stolz auf die kurze Unabhängigkeit von 1918 bis 1920, in der man als Demokratie von vielen westlichen Großmächten anerkannt worden war, blieb aber in allen drei Staaten erhalten. Bei der Gründung der „Zweiten Republiken" nach dem Zerfall der Sowjetunion griff man auf die Symbole, Feiertage und Traditionen der Ersten Republiken zurück. Mehr oder weniger, denn die Probleme aus Korruption, Wahlbetrug und fehlender Meinungsfreiheit, mit denen die heutigen südkaukasischen Staaten kämpfen, kommen in den großen Erzählungen der Ersten Republiken nicht vor. Allein die Konflikte zwischen ihnen warfen schon den Schatten künftiger Auseinandersetzungen voraus.

Viel hat sich verändert, seit in Gəncə um die erste Aserbaidschanische Republik gekämpft wurde, und noch mehr, seit die

Zugehörigkeit zu Persien statt zu Russland verteidigt worden war. Doch die alte Moschee steht noch immer an einem Ende des zentralen Platzes von Gəncə – halb Park, halb leere Betonfläche –, wie ein Denkmal, ein Fremdkörper aus einer anderen Zeit. Das scheint sie auch zu sein, denn ich sehe nur einen alten Mann, der im Schatten an der Moscheemauer lehnt, und ob er zum Beten hierhergekommen ist, scheint fraglich. Auch eine armenische Kirche gibt es noch in Gəncə, sie liegt, wie von Ali beschrieben, auf der anderen Seite des Flusses. Jahrelang diente sie als Puppentheater, und ein vergilbtes Plakat kündigt immer noch eine Aufführung an, aber das Datum ist abgerissen, und das Gebäude sieht aus, als habe es seit Jahren niemand mehr betreten. Da ich erkläre, für den Rest meines Lebens genug Heydar Aliyev-Parks gesehen zu haben (und es später bereue, denn Gəncə hat einen mit einem besonders eindrucksvollen gigantischen Triumphbogen im pseudo-römischen Stil), breche ich schließlich zur aserbaidschanisch-georgischen Grenze auf.

Der Weg durch das Niemandsland zwischen Aserbaidschan und Georgien führt wieder über eine Brücke. Brücken scheinen eine besondere Bedeutung zu haben in den Grenzgebieten des Kaukasus. Diese ist genauso neu wie die klimatisierten, spiegelnden Glas- und Stahlbauten der Grenzkontrollen. In endloser Kolonne läuft der Lastwagenverkehr von Istanbul über Tbilisi nach Baku über die Brücke, denn die Bahntrasse ist trotz zahlreicher Ankündigungen immer noch nicht für einen schnellen Güterverkehr ausgebaut worden – mir wurde stolz erzählt, die letzte Überholung sei durch deutsche Kriegsgefangene erfolgt und damit echte deutsche Wertarbeit.

Von der neuen Brücke aus kann man im Niemandsland zwischen Aserbaidschan und Georgien die Rote Brücke sehen, die dem Grenzübergang seinen Namen gab. Die Brücke aus dem 12. Jahrhundert, die schon Nizami überquert haben könnte, wenn er Gəncə je verlassen hätte, ist heute nicht mehr zugänglich, auch wenn es

Menschen gibt, die schwören, ihr Charme habe die aserbaidschanischen Grenzer dazu gebracht, bis zur Brücke gehen zu dürfen. Aber auch sie haben mir nicht sagen können, ob es stimmt, dass ein Gedicht Sayat Novas hineingeritzt ist, wie mir einmal jemand erzählte, der die Brücke noch aus jenen Tagen kennt, in denen man ganz einfach zu ihr gelangen konnte. Sayat Nova war ein armenischer Ashuq des 18. Jahrhunderts. Ashuqs waren fahrende Dichter und Sänger, die ihre Geschichten und Gedichte selbst mit der Saz, der Langhalslaute, begleiteten und von Essad Bey immer wieder als besonders begnadet beschrieben werden. Sie gelten als typisch türkisch, aber Sayat Nova war Armenier, Geistlicher und Diplomat, der seine Gedichte auf Armenisch, Georgisch und Aserbaidschanisch schrieb und im ganzen Kaukasus geschätzt wurde. Ein anderer Grenzgänger, der Jahrhunderte später lebende armenisch-georgisch-sowjetische Regisseur Sergej Paranjanov, widmete Sayat Nova 1969 seinen berühmtesten Film *Die Farbe des Granatapfels*. Wenn ich es mir genau überlege, will ich gar nicht wissen, ob die Geschichte mit dem Gedicht wahr ist oder eine Erfindung. Ich will glauben, dass ein Unbekannter in eine heute funktionslose Brücke im Niemandsland zwischen Aserbaidschan und Georgien ein Gedicht dieses Dichters geritzt hat und es dort darauf wartet, bis es endlich wieder alle lesen können.

Bis vor wenigen Jahren gab es nahe der Grenze einen lebhaften Basar, auf dem sich Aserbaidschaner, Georgier und Armenier trafen, um miteinander zu handeln, wobei meistens die Aserbaidschaner als Verkäufer, die Armenier als Käufer und die Georgier als Verwalter und Vermieter von Ständen aufgetreten sein sollen. Als ich 2010 in die Region kam, konnte ich diesen legendären Markt nicht mehr besuchen, der es zu diesem Zeitpunkt schon in die politologische und ökonomische Literatur (Sondergebiet: Konfliktsituationen) geschafft hatte: Die georgische Zoll- und Steuerpolitik hatte 2007 diesen letzten mehr oder weniger friedlichen kleinen Grenzverkehr beendet.

Über Grenzen – Tekali

Aber es gibt neue Hoffnung auf grenzüberschreitenden Austausch in der Region: Fährt man vom Grenzübergang auf georgischer Seite nicht die gut ausgebaute Straße hinunter nach Tbilisi, sondern biegt nach wenigen Kilometern links ab, kommt man nach Tekali, in ein von Aserbaidschanern bewohntes Dorf in Georgien, das in unmittelbarer Nähe zur armenischen Grenze liegt. Die Roaming-Anzeige meines Handys, der moderne Indikator für nationales Territorium in einer Zeit, in der man in Europa den Grenzübertritt kaum noch bemerkt, flackert verzweifelt zwischen georgischem, aserbaidschanischem und armenischem Anbieter hin und her, bevor der Akku überanstrengt aufgibt. Tekali liegt im Dreiländereck. Und genau diese Lage hat das bis dahin vollkommen unbekannte Dorf zum Symbol der Konflikte, aber auch der Hoffnungen auf einen neuen, friedlicheren Kaukasus werden lassen. Eine Gruppe von Armeniern, Georgiern und Aserbaidschanern hat im Jahr 2010 beschlossen, Tekali zu dem Ort zu machen, an dem Menschen aus allen drei Staaten über Wege zu einem friedlichen Miteinander zu diskutieren konnten. Jeder sollte willkommen sein, jeder seine Meinung sagen können, das Gespräch sollte nicht von Politikern und ausländischen Organisationen mit ihren Vorstellungen vom Frieden dominiert werden, sondern von allen, die etwas dazu beitragen wollten.

Zu Beginn der Gespräche in Tekali traf man sich in einem Restaurant im Dorf. Aber wie mir Luiza, eine der armenischen Organisatorinnen der ersten Stunde, erzählt, war das Ergebnis niederschmetternd: Die Armenier waren aggressiv und beleidigend zu den aserbaidschanischen Restaurantbetreibern, machten klar, wie sehr sie sie verachteten. Die Aserbaidschaner und Georgier aus der Stadt benahmen sich den Bauern gegenüber nicht wesentlich besser, wenn auch wenigstens nicht rassistisch. Die gefundene Lösung zeugt vom Mut der Organisatoren: Statt sich zurückzuziehen, gingen sie noch einen Schritt weiter. Sie zogen in den Hof eines Privathauses und bezahlten die Gastgeber für Organisation und Essen. Und siehe da: Es wurde besser. „Man beleidigt niemanden, in dessen Haus man isst", erklärt Luiza. Nun ist der Treffpunkt der Innenhof eines zweistöckigen aserbaidschanischen Dorfhauses, an das sich ein großer Gemüsegarten und Obstbäume anschließen. Stühle und Holzbänke sind vor einer improvisierten Bühne aufgestellt, über ein hohes Metallgerüst kann man Plastikplanen als Sonnenschutz ziehen. Die Planen sind rötlich und das Licht, das unter ihnen herrscht, ist zum Markenzeichen der Bilder aus Tekali geworden.

Zwischen achtzehn und achtzig Personen aller Altersgruppen, vor allem aus den jeweiligen Hauptstädten, treffen sich hier ungefähr sechsmal im Jahr. Gemietete Busse fahren aus Baku, Tbilisi und Jerewan, um Anmeldung wird gebeten, denn man muss ja planen, aber es gibt keine Verpflichtung, seinen Namen zu nennen, keine Anwesenheitslisten, keine Aufforderung, sich in einen E-Mail-Verteiler einzutragen. Anonymität ist wichtig, niemand soll sich dafür rechtfertigen müssen, dass er mit dem Feind sprechen will.

An dem Tag im Herbst 2013, an dem auch ich auf den Holzbänken unter den roten Planen sitze, geht es in der Diskussion vorwiegend um die Situation der Menschen in Tekali und den umliegenden Dörfern. Immer wieder kommt es vor, dass Dorfbewohner, gerade Hirten, versehentlich mit ihren Herden der armenischen Grenze zu nahe kommen und als aserbaidschanisch sprechende Muslime sofort unter Spionageverdacht verhaftet werden.

Trotz der ausdrücklichen Aussage, man wolle hier unabhängig von internationalen Organisationen und ihren Schlichtungsversuchen miteinander sprechen, höre ich ein paar Mal die Enttäuschung, dass von den vielen Organisationen, die sich die Konfliktlösung auf die Fahnen geschrieben haben, noch niemand den Weg von Tbilisi nach Tekali gefunden hat. Ich verstehe es, bin aber eigentlich ganz froh, dass hier der Südkaukasus mit sich selbst spricht: Es ist anders als bei Friedenskonferenzen, die vor allem als Bühne verstanden werden, von der aus man Außenstehenden seine Meinung erklären kann. Nicht dass es nicht auch seinen Charme hat, wie sich ältere Herren aus beiden Ländern an langen Tischen versichern, dass sie keine Skrupel hätten, einander umzubringen und gerade einmal wieder den Militärhaushalt aufgestockt hätten, um dann alle Umstehenden in der Kaffeepause mit Anekdoten aus ihrer gemeinsamen Studienzeit in Moskau zu unterhalten, als die gemeinsamen Feinde die humorlosen russischen Dozenten waren und es bei Konkurrenzen nicht um ein Land, sondern nur um das schönste Mädchen der Vorlesung – oder der Welt? – ging („Nur?!" empört sich einer der weißhaarigen Herrn, als ich das einmal sage, „Ich bitte dich! Wir waren neunzehn!" Ali hätte vollstes Verständnis für ihn gehabt.)

Zu Beginn des Jahres 2010 waren die Hoffnungen und Pläne groß: Man träumte von grenzüberschreitenden Rockkonzerten, einer unabhängigen Dokumentation von Schießereien und Übergriffen entlang der Waffenstillstandslinie und einem Konferenzzentrum in Tekali, in dem sich die an Projekten Mitarbeitenden aus allen drei Ländern treffen konnten. Viel ist von diesen Träumen nicht übriggeblieben, als ich Luiza 2015 in einem Café in Jerewan treffe. Über fünf Jahre hat sie mit anderen in Tekali gearbeitet, hat Aktive aus allen drei südkaukasischen Staaten und dem Ausland kommen und gehen sehen und bangt nun um die weitere Finanzierung ihres Projekts, das mit so viel Hoffnung begann. Bei unserem Gespräch betont sie oft, wie wichtig es sei, einfach nur im Gespräch zu bleiben, wenigstens ein bisschen Respekt füreinander aufzubringen, wenn es schon mit Freundschaft oder Versöhnung nicht klappen will.

Die Bewohner von Tekali dagegen haben große, unerfüllbare Wünsche an die Fremden, die ihren Ort mit ihren Träumen okkupiert haben. Sie wollen vor allem eins: Die Öffnung der Grenzen, die den Ort – für sie bis heute unverständlich – seit mehr als zwanzig Jahren umgeben. Glückliche Tage waren das, als die Kinder noch im Nachbardorf in Aserbaidschan in die Schule oder den Sportverein gingen, und wenn eines von ihnen das Brot für die Pause vergessen hatte, warf sich Oma den Mantel über das Hauskleid, entschied sich gegen die neuen Schuhe, die nur für richtige Ausflüge gedacht waren, und schlurfte in Hausschuhen über die Brücke (wieder „die Brücke"!), um das Pausenbrot abzuliefern. Heute muss man nicht nur den langen Weg über die offizielle Grenzstation an der Roten Brücke nehmen, man muss zuerst einmal einen Reisepass besitzen, für den man in die Stadt fahren, Geld bezahlen und sich mit georgischen Beamten und ihren Vorurteilen gegen aserbaidschanische Namen herumschlagen muss – Probleme, die die Bauern von Tekali mit den georgischen Bauern in Aserbaidschan und den armenischen in Georgien verbinden. Es sind Dörfer wie Tekali, die vergessen wurden, als Ende der 1980er-Jahre in den Städten die Träume von Unabhängigkeit und eigenen Staaten geträumt wurden, von Wegen nach Europa und in die USA. Für die Menschen von Tekali ist die Welt durch den Fall des Eisernen Vorhangs und das Ende der Sowjetunion nicht größer geworden, sie ist geschrumpft auf ihren kleinen Ort, umgeben von Grenzen.

Für Frauen ist die Welt noch ein kleines bisschen enger als für Männer: Während die Männer von Tekali immerhin am Rand sitzend den Diskussionen in ihrem Hinterhof folgen, stehen die Frauen abseits, kümmern sich um den Teenachschub und kochen das Abendessen für alle Gäste. Sie würden die Diskussionen, die in russischer Sprache geführt werden, ohnehin nicht verstehen. Ich mache einer Armenierin gegenüber, deren Familie seit Generationen in Georgien lebt, eine Bemerkung zu diesem Thema und bekomme die schulterzuckende Antwort: „So ist das eben in unseren Dörfern." Dieser kleinste gemeinsame Nenner südkaukasischer Kultur verdirbt mir ein wenig den Appetit, aber wir haben ohnehin nicht viel Zeit zum Abendessen. Den Stadtmenschen aus

Tbilisi, Jerewan und Baku wird es zwischen Mücken und Katzen auf den Holzbänken zu unbequem und sie drängen zum Aufbruch. Die Bewohner von Tekali warnen: Bleibt noch eine Stunde, jetzt ist es gerade ungünstig. Fünfzig Meter weiter ist allen klar warum: Im goldenen Abendlicht kommen die Kühe von der Weide. Langsam und ohne sichtbaren Hirten trotten sie die Straßen entlang, bis sie vor ihrer Haustür stehen bleiben und von Frauen oder Kindern in den heimischen Hof getrieben werden. In dieser Stunde geben sie das Tempo vor und die Fürsprecher des Friedensprozesses müssen eben warten.

Tbilisi – Die schönste Stadt des Kaukasus

Georgien oder Gurdschistan, das Land des Heiligen Georgius, ist das Land des ewigen Frühlings. ... Das Leben eines Georgiers war, bevor die Politik hereinbrach, ein paradiesischer Traum. Das Volk ist das gutmütigste, heiterste, liebenswürdigste und ohne Zweifel das gastfreundlichste der Welt. Nur in Georgien kann man die Freuden des Daseins kennenlernen. Nur dort gibt es Wein, der ohne Trunkenheit feurig macht. Nur dort Mädchen, die nichts als Glück bringen, und Kämpfe, die nicht tödlich verlaufen. ... Es ist ein hohes Glück, in Georgien zu leben. Die ganze Welt sollte Georgien werden.

Aus „Im Land des Heiligen Georgius",
in *Öl und Blut im Orient*

Ich kann es nicht leugnen: Die Vorschusslorbeeren, die Tbilisi und Georgien nicht nur von Essad Bey, sondern auch von meinen aserbaidschanischen, armenischen und russischen Freunden (von den Georgiern ganz zu schweigen) erhalten haben, haben mich misstrauisch gemacht. So viel Idylle kann es gar nicht geben, und wenn doch, bin ich entschlossen, es eher mit Ali zu halten, der sich in der schönsten Stadt des Kaukasus nach der Wüste und der herben Schönheit der Ölstadt Baku sehnte. Aber ich musste schnell zugeben, dass es tatsächlich schwer ist, sich dem Charme Tbilisis zu entziehen: Die Stadt zieht sich entlang der Kura (irgendwann habe ich aufgegeben, georgische Freunde nach der Aussprache des Flusses, der bei ihnen Mtkvari heißt, zu fragen und bleibe jetzt bei dem russischen Namen) durch ein enges Tal, umgeben von steilen Berghängen. Nach Baku ist Tbilisi eine Erholung. Die Straßen sind baumbestanden und schattig, der Verkehr ruhiger, die Häuser kleiner, die Blicke und Kommentare der Männer an den Straßenecken nicht ganz so aufdringlich. (Eine Freundin, die seit Langem in Tbilisi lebt, besteht darauf, dass ich im letzten Punkt wohl einfach nur Glück gehabt habe.)

Selbst als „die Politik hereinbrach", blieb Georgien für viele ein Paradies. Menschen aus der ganzen Sowjetunion träumten von der Schönheit Tbilisis, den Bergen und den Sandstränden des Schwarzen Meeres. Im Tausch gegen die im Norden so begehrten Zitrusfrüchte aus den Plantagen am Schwarzen Meer brachten georgische Händler Luxusgegenstände nach Hause, die für viele andere Sowjetbürger unerschwinglich waren. Die heutige Situation der friedlichen Insel Georgien, die Tekali zum Treffpunkt einer Friedensbewegung „von unten", von allen Interessierten, macht, macht Tbilisi auch zur Stadt der internationalen Organisationen und Konferenzen. Wann immer sich Menschen aller drei südkaukasischen Länder versammeln wollen, findet das Treffen hier statt. Das führte auch dazu, dass ich von Tbilisi eine Zeit lang vor allem Konferenzräume und Bankettsäle kennenlernte und wenig Zeit für die Stadt blieb.

Wir saßen im Café Mephisto in der Golowinsky-Straße, Nino und ich. Vor uns erhob sich der Davidsberg mit dem großen Kloster. ...
„Die Liebe Georgiens und die Liebe Irans sind doch gleich. Hier an dieser Stelle stand vor tausend Jahren euer Rustaveli, der größte Dichter. Er sang von der Liebe zur Königin Tamar. Und seine Lieder sind wie persische Rubajats. Ohne Rustaveli kein Georgien, ohne Persien kein Rustaveli."

Ali und Nino

Die Golowinsky-Straße heißt heute sogar nach dem georgischen Nationaldichter Shota Rustaveli, der im ausgehenden 12. Jahrhundert lebte und damit etwas jünger, aber doch ein Zeitgenosse Nizamis war. Entgegen Alis Versuch, Rustaveli in eine persische

Tradition zu stellen, wird der georgische Dichter auch viel mit griechisch-christlichen Vorbildern in Verbindung gebracht. Die fiktive Begegnung zwischen Nizami und Rustaveli wäre Stoff für einen Roman über den Zusammenstoß von Ost und West, Islam und Christentum in einer spannenden Zeit.

Immer noch liegen hier die Cafés im europäischen Stil für Ausländer und wohlhabende Georgier und hier beginne auch ich mit meinen Erkundungen der Stadt. Den Treffpunkt hat eine Freundin bestimmt, die schon eine Weile in Tbilisi lebt und mir eine bemerkenswerte Wegbeschreibung mitgegeben hat: „Mit der U-Bahn eine Station bis zum Ende der U-Bahnlinie, dann umsteigen in die andere. (Es gibt nur zwei Linien in Tbilisi.) In die Richtung, in die es mehr Stationen gibt, drei Stationen fahren." Einen Tag zuvor in einem heißen Bakuer Internetcafé hatte ich die Beschreibung ausgedruckt und kopfschüttelnd gedacht: Die Namen der Stationen hätten eigentlich auch gereicht. In der Tbilisier U-Bahn des Jahres 2010, zwei Jahre nach dem Krieg mit Russland, musste ich mir eingestehen: Das hätten sie nicht. Die kyrillischen Schriftzeichen in den Stationen waren entfernt worden, lateinische fehlten fast völlig, ich war allein mit einer Schrift, die ich bis zu diesem Zeitpunkt eher in Südostasien vermutet hätte. Als mir meine Freundin dann erklärt, die Schrift zeige die uralte Verbindung mit Griechenland, bin ich zunächst fassungslos. Aber tatsächlich entspricht die Reihenfolge der Buchstaben des Alphabets der im Griechischen. Nur schade, dass man das als Nicht-Georgier kaum zu würdigen weiß.

Der Legende nach wurde die Schrift von König Parnawas I. im 3. Jahrhundert vor Christus eingeführt, nach Forschungen stammt das aktuelle georgische Alphabet aus dem 5. Jahrhundert nach Christus. Das Erstaunlichste an dieser Diskrepanz zwischen Legende und Forschung ist für mich, dass sie mit nicht einmal 800 Jahren sehr gering ist. Da bin ich im Kampf der Geschichtsbücher inzwischen anderes gewöhnt. Nach einer gern von Armeniern erzählten Legende entwickelte der Heilige Mesrop Mashtots im 5. Jahrhundert nach Christus nicht nur das heute gültige armenische Alphabet, sondern auch das georgische – indem er Spaghetti gegen die Wand warf und die entstandenen Formen nach Buchstaben benannte. Das Verhältnis zwischen diesen beiden christlichen Völkern des Südkaukasus sei hiermit ausreichend charakterisiert.

Beide Schriften, die armenische wie auch die georgische, waren die einzigen Schriften in der Sowjetunion, die nicht in den 1930er-Jahren durch die kyrillische ersetzt wurden, wie überhaupt alle drei südkaukasischen Republiken das Privileg hatten, ihre jeweilige Sprache als zweite Amtssprache neben Russisch in den Verfassungen ihrer Republiken stehen zu haben.

Über einem Cappuccino und einem Stück Himbeertörtchen, die in Baku mein Reisebudget hoffnungslos überfordert hätten, mit Blick auf Jugendstilbauten in verschiedenen Stadien der Renovierung stellte ich fest, dass meine Definition von Europa einmal wieder von der vieler anderer Menschen abzuweichen scheint: Himbeertörtchen, Kirchen und leicht bekleidete Frauen im Halbrelief an Hauswänden kann jede ehemalige Kolonialstadt mit modernem globalisiertem Einschlag haben. Europa ist da, wo ich die U-Bahn-Schilder lesen kann. Lateinisch oder Kyrillisch, meinetwegen auch Griechisch. Ein Land, in dem ich ein McDonalds-Schild nur am Logo erkenne, ist für mich exotisch, da kann es noch so christlich daherkommen. Und Tbilisi ist trotz achtzig Jahren Sowjetunion so unübersehbar christlich wie zu Alis und Ninos Zeiten.

Georgien hat aber auch eine moderne Heiligenstätte. Bei Tbilisi befindet sich auf einem romantischen Berg das Kloster des Heiligen David. Zu diesem Kloster pilgern des Sonntags die georgischen Mädchen, bleiben dort an einer feuchten Grabmauer stehen und sehen einander scheu an. Endlich fassen sie Mut, beugen sich zur Erde, heben kleine Granitsteine auf und pressen sie tapfer an die

Mauer. Wenn der Stein an der Mauer kleben bleibt, so heißt das, das Mädchen wird noch im selben Jahr einen tapferen und kriegerischen Mann heiraten. Ringsherum im Gebüsch lauern die jungen Männer, stellen fest, wer noch im selben Jahr heiraten wird, und verfolgen das Mädchen, das ihnen gefiel, bis nach Hause, um Bekanntschaft zu schließen und um ihre Gunst zu werben.

Aus „Im Land des Heiligen Georgius",
in *Öl und Blut im Orient*

Nach der Beschreibung habe ich mir das Davidskloster wesentlich eindrucksvoller vorgestellt als nur zwei winzige Kirchen, eine Quelle und ein Friedhof, aber die sonstige Beschreibung in *Ali und Nino* passt: Man kann auch heute noch mit einer Seilbahn von der Stadt aus hier herauffahren, auch wenn die Stadt nicht mehr so tief im Tal versinkt, wie es Essad Bey beschreibt. Tbilisi ist gewachsen und moderne Gated Communities reichen bis fast an das Kloster heran. Aber unterhalb der Kirchen liegt immer noch die Grotte, in der der russische Dichter Gribijedow und seine georgische Frau Nino begraben liegen. Außerdem liegt hier nun das Pantheon Georgiens mit den Gräbern der großen Helden des Landes, unter ihnen auch Stalins Mutter. In den kleinen Kirchen leuchten alte (und vermutlich sehr gut restaurierte) Fresken trotz der nur durch wenige brennende Kerzen unterbrochenen Dunkelheit mit einer bemerkenswerten Intensität. Eine kleine Quelle finde ich auch, aber keinen Hinweis auf die Mauer, an die junge Mädchen Steine drücken. Vielleicht ist der Brauch inzwischen ausgestorben, oder es ist doch zu kalt für Ausflüge hier hoch, jedenfalls sehe ich keine jungen Mädchen, die sich an einer Mauer versammeln. Dafür stehen ein paar Männer verschiedener Altersgruppen im Kirchhof, die jeden meiner Schritte beobachten. Als schließlich einer fragt, ob ich denn allein sei oder einen Ehemann hätte, und die anderen grinsen, ergreife ich die Flucht. Ich will das Schicksal ja nicht herausfordern.

Tbilisi – Die schönste Stadt im Kaukasus

War zu Essad Beys Zeiten das Davidskloster noch die wichtigste Heiligenstätte, so hat das heutige Tbilisi längst eine neue. Die 2004 eröffnete Tsimda Sameba, die Kathedrale der Heiligen Dreifaltigkeit, ist die größte Kirche des Südkaukasus. Sie ist eine Spende des Millionärs Ivanishvili, der dafür 2012 im Wahlkampf mit seiner Partei „Georgischer Traum" auf die Unterstützung der Kirche bauen konnte. 84 Meter hoch ragt die Kirche auf dem Hügel über dem Präsidentenpalast auf, so hoch, dass die Kirche mit der markanten goldenen Kuppel von vielen Plätzen in Tbilisi aus zu sehen ist. Dass sie mitten ins traditionell armenische Viertel von Tbilisi gebaut wurde, soll erst für einigen Unmut unter den Armeniern gesorgt haben. Die Anwohner selbst – egal welcher Religion – nehmen sie weitgehend positiv auf: Mit der Kirche kamen mehr Besucher, mehr Touristen, mehr Geld ins Viertel. Aber die Tsminda Sameba-Kirche wächst nicht nur in den Himmel: Die Kirche verfügt auch über drei Untergeschosse, insgesamt neun verschiedene Kapellen, einen „Jugendclub", der sich in einem der Untergeschosse befindet und gähnend leer ist, einen riesigen Park und eine Begrenzungsmauer, die an die alter georgischer Klöster erinnern soll, mich aber stark an die Sowjetbauten in der Innenstadt erinnert – ja, das Ganze ist eindrucksvoll, wenn auch nicht unbedingt schön. Und wie in allen anderen Kirchen Georgiens zeigen sich auch hier die Schattenseiten des Paradieses besonders deutlich, denn die Armut ist in Tbilisi ebenso präsent wie das Christentum, ja, beides steht sogar räumlich oft in enger Beziehung. In den Eingängen der Kirchen sammeln sich die Bettlerinnen, meist alte Frauen, seltener sind Männer, dann meistens mit offensichtlichen Behinderungen, dabei. Es scheint eine eingeschworene Gruppe zu sein, die so gar nichts mit den auf den Straßen bettelnden Kindern und jungen Frauen zu tun hat. „Das sind Zigeuner. Die können nichts anderes als betteln", erklärt eine Frau, die dünne Kerzen zum Anzünden vor den heiligen Bildern verkauft und damit wohl kaum mehr verdient als die Bettlerinnen.

„Die Frauen hier sind Georgierinnen." Eine Bekannte, die über Bettlerinnen und Kleinhändlerinnen in Tbilisi promoviert, sieht das Betteln auch unter dem Aspekt der sozialen Kontakte: „Natürlich reichen die Renten nicht und sie sind für jeden Lari dankbar. Aber es geht auch darum, nicht allein zu Hause zu sitzen, sondern mit anderen in derselben Situation zusammenzukommen." Es ist eine grauenvolle Vorstellung, dass alten Frauen als soziales Event nur das Betteln in Kirchhöfen bleibt, dennoch kann ich nachvollziehen, dass es besser ist, als allein in der Wohnung zu sitzen, während Kinder und Enkel längst ins Ausland gegangen sind.

Tbilisi ist, auch über das Davidskloster und die Tsminda Sameba als die beiden großen Landmarken hinaus, unübersehbar christlich. Kirchen stehen in Hinterhöfen, in Parks, auf Schulhöfen, Ikonen am Straßenrand, in Unterführungen und an Supermarktkassen. Manchmal verbunden mit einem Kasten, in dem Spenden gesammelt werden, manchmal zur Erinnerung an ein bestimmtes Ereignis, manchmal offensichtlich einfach so. Ein Freund erklärt seine ziemlich weitverbreitete Version der Bau- und Sammelfreudigkeit der Kirche: Erst sammeln Priester Geld von Privatleuten, die es gern geben, weil es verdienstvoll sei, etwas für einen Kirchenbau zu stiften. (Tatsächlich stehen immer wieder Priester in den Unterführungen und sammeln Geld.) Dann versuchen sie billiges Baumaterial zu bekommen, und bekommen es ebenfalls, weil es für Firmen auch verdienstvoll ist, Baumaterial für Kirchen zu stiften, und schließlich lassen sie Anwohner ohne Bezahlung beim Bau mitarbeiten, denn gilt wiederum als verdienstvoll. So machen sie beim Bau jeder neuen Kirche wohl einen guten Schnitt.

Aber Tbilisi ist weit mehr als nur Kirchen. Am U-Bahnhof Rustaveli (wo Menschen stehen bleiben, um sich in Richtung der fast zwei Kilometer Luftlinie entfernten Tsminda Sameba-Kathedrale zu bekreuzigen) beginne ich meine Annäherung an den Rustaveli, an dem ich bisher nur im Café gesessen habe. Hier hilft mir Essad Bey erstmal nicht weiter, hier dominiert die Sowjetunion. Die Akademie der Wissenschaften ist ein Prachtbau der 1940er-Jahre, mit hohen Arkadenbögen und einem Turm, den immer noch ein roter Stern ziert. Auf den Stufen und unter den Arkaden werden Kunst und Kitsch verkauft: georgische Trinkhörner, gestrickte Hausschuhe, mehr oder weniger gelungene Ölgemälde mit Tbilisi- oder allgemein georgischen Motiven. Auch Farben und Leinwände kann man hier kaufen.

Ein paar Meter weit hat sich die Sowjetunion noch einmal mit dem Institut für Marx-Lenin-Studien verewigt. Das künftige Schicksal des Baus ist immer noch ungeklärt. Mitte des letzten Jahrhunderts wurde das Institut von einer internationalen Hotelkette erworben, die es zum Luxushotel umbauen und nur Teile der Fassade erhalten wollte. Es folgten heftige Proteste, die man aber überhörte. Erst der Krieg mit Russland verschaffte einen Aufschub, denn der internationalen Luxushotelkette war ein Bauprojekt in einem potenziellen Kriegsgebiet wohl zu kritisch – oder sie hatte einfach nur Angst um ihre Filialen in Russland. Seitdem höre ich immer wieder, dass eine neue Hotelkette interessiert sei, dass jetzt wirklich mit dem Umbau begonnen werde, ganz bestimmt, nächstes Jahr. Da Georgien sich als aufstrebendes Tourismusziel sieht (und viele „Was wird bald in sein"-Listen von Reiseunternehmen diese Meinung teilen), kann es durchaus noch etwas werden mit dem Umbau des Instituts für Marx-Lenin-Studien. Manche Länder reißen sozialistisches Erbe ab und bauen an seiner Stelle Barockschlösser, andere nationale Ehrenfriedhöfe, Georgien versucht, es in Luxushotels umzuwandeln. Irgendwo ist darin eine tiefere Aussage enthalten über die Wege, die ein Land künftig gehen will.

Der weitere Rustaveli ist mehr oder weniger so, wie ich mir auch die ursprüngliche Golowinskystraße vorstelle: Jugendstil und ein bisschen russischer Orientalismus – wie etwa die Oper, die nach vielen Jahren, in denen sie immer zu einem mehr oder weniger großen Teil von einem Baugerüst umgeben war, nun wiedereröffnet ist. Dazu das Nationalmuseum mit dem „Museum der Russischen Okkupation", dem einzigen mir bekannten Museum in der ehemaligen Sowjetunion, das es schafft, die Verfolgungen des Jahres 1937, in dem die georgische Elite wie alle nationalen Eliten in den Republiken der Sowjetunion ermordet wurde, zu thematisieren, ohne den Namen „Stalin" damit in Verbindung zu bringen. Böse Russen ermordeten Georgier, während an der Spitze des Staates ein georgischer Held stand. Irgendwie so. Der wahrhaft Böse war Chruschtschow, der dann 1956 auch noch auf die patriotische Jugend des Landes schießen ließ, als diese sich gegen die Entstalinisierung und für die Fortsetzung des Stalin-Kultes einsetzte. Dass sich vor allem junge Menschen gegen die Entstalinisierung wandten und zu Protestmärschen in Tbilisi aufriefen, ist bis heute für die meisten Georgier selbstverständlich. Diese Schüler und Studenten waren in unbedingter Verehrung für den großen Herrscher und Sieger des Weltkriegs aufgewachsen und standen der neuen Wendung fassungslos gegenüber. So muss es zwar vielen Menschen in der Sowjetunion gegangen sein, aber für die Georgier kam noch der nationale Aspekt dazu: Wieder griffen Russen einen der ihren an. Und bis heute ist das der Punkt, den die Wenigsten ertragen können, egal was Stalin getan hat. Die sowjetische Führung schlug zur Verteidigung der Entstalinisierung und zur Unterdrückung der immer offeneren nationalen Unabhängigkeitsbestrebungen mit unverändert stalinistischer Härte zurück: Die Demonstrationen in Tbilisi wurden niedergeschossen, die Zahl der Toten – bis heute ungeklärt – geht in die Hunderte. Mehr als zweihundert Menschen wurden verhaftet und nach Sibirien deportiert. Unter den damals protestierenden jungen Männern waren auch Merab Kostava und Zviad Gamsakhurdia, die bereits mit fünfzehn Jahren eine Widerstandsgruppe gegen die Sowjetmacht gegründet hatten und – nach Verhaftung und Verurteilung zu Gefängnisstrafen – später in den 1980er-Jahren zu Vorkämpfern der Unabhängigkeit wurden. Noch heute sind Georgier gekränkt, dass ihr Aufstand gegen die Sowjetmacht im Westen weniger geachtet wird als der fast gleichzeitige Aufstand in Ungarn – und nach einigen Versuchen, die Unterschiede zu erklären, habe ich es aufgegeben. Ein kleines Denkmal erinnert vor dem Parlamentsgebäude, das passenderweise in bester Stalin-Architektur gehalten ist und ebenfalls am Rustaveli steht, an den Aufstand. Nur ein paar Schritte weiter steht der ehemalige Palast des russischen Generalgouverneurs im Kaukasus.

Eng umschlungen gingen wir durch die Golowinskystraße. Linker Hand lag ein ausgedehnter Park mit schön geschwungenen Gittern. Die Einfahrt war verschlossen. Zwei Soldaten, reglos und atemlos, wie versteinert, hielten die Wache. Über dem Tor schwebte majestätisch der vergoldete kaiserliche Doppeladler. Der Park gehörte zum Palais des Großfürsten Nikolai Nikolajewitsch, Statthalter des Zaren im Kaukasus.

Ali und Nino

Das Tor, durch das Ali und Nino den letzten zarischen Gouverneur beobachteten, steht heute offen und junge Paare sitzen auf den Bänken, statt heimlich durchs Tor zu gucken und über die Pläne alternder Politiker zu spekulieren wie zu der Zeit, als Tbilisi noch die Hauptstadt des gesamten russischen Südkaukasus war.

In dieser Zeit war Tbilisi auch kulturell mehr als nur das Zentrum der georgischen, es war auch das der armenischen und der aserbaidschanischen Kultur sowie der Modernisierungsbestrebungen der verschiedenen kaukasischen Völker. Hier wurde die aserbaidschanische Satirezeitschrift *Molla Nasreddin* gegründet, hier schrieb der armenische Nationaldichter Hovhannes Tumanyan seine Epen und Märchen. Wer durch die Nebenstraßen des Rustaveli oder auf der anderen Flussseite durch das Viertel um den U-Bahnhof Marjanishvili geht, findet viele Verweise auf diese vielsprachige, multinationale Zeit.

Von Baku nach Batumi – Durch den Kaukasus mit Essad Bey

Armenische Händler, kurdische Wahrsager, persische Köche, ossetische Priester, Russen, Araber, Inguschen, Inder: Alle Völker Asiens treffen sich am Basar von Tiflis ... Ein Assyrer zankt erbittert mit einem Juden. Wir hören gerade noch: „Als meine Ahnen deine Ahnen in die babylonische Gefangenschaft führten ..." Die Umstehenden brüllten vor Lachen.

Ali und Nino

Der Palast des Gouverneurs und sein Garten liegen fast schon an dem Platz, der heute „Freiheitsplatz" heißt und auf dem die Statue des Nationalheiligen, des Heiligen Georg, auf einer hohen, vom Verkehr umbrausten Säule steht. Der Heilige Georg ist groß und golden, und der Drache, den er mit seiner Lanze ersticht, ist gegen ihn so winzig, dass ich versucht bin, den Tierschutzverein wegen unnötiger Grausamkeit gegen wesentlich schwächere Kreaturen zu alarmieren. Hier beginnt die Altstadt und hier stehen immer wieder irritierte Touristen vor dem ebenfalls aus der Kolonialzeit stammenden Rathaus. Sie fragen nach der Leslelidzestraße – wie die meisten Bewohner von Tbilisi sie auch heute noch nennen –, der zentralen Straße der Altstadt, die in sowjetischer Zeit nach einem georgischen General des Zweiten Weltkriegs benannt wurde. Offiziell ist die von großen Platanen überschattete Straße aber inzwischen nach Kote Abchasi, einem Anführer des antisowjetischen Aufstandes im Jahr 1924, benannt. Nicht unpassend, denn die Läden und Restaurants entlang der Leslelidze und in einigen Seitenstraßen vermitteln den Eindruck, als habe es nie eine Sowjetunion gegeben: Ikonenläden und Souvenirgeschäfte mit Kitsch aus der ganzen Welt, italienisches Eis, Bars und Restaurants mit internationaler Küche. Die gewundenen Seitenstraßen sind gesäumt mit alten, ein- bis zweistöckigen Häusern mit Balkonen und Höfen in unterschiedlichen Phasen des Verfalls, selbst die kleinen Hotels, die es immer häufiger gibt, sind oft kaum als solche zu erkennen. Hier kann man als Fremder leicht verloren gehen. Dazwischen auch immer wieder Kirchen, georgische und armenische, und eine Synagoge, denn auch das georgische Judentum hat hier sein Zentrum.

Fast direkt am Fluss liegen die berühmten Schwefelbäder von Tbilisi, die angeblich alles kurieren können, vor allem Kater, die nach den großen georgischen Festen nicht selten sind – denn die Geschichten von der großen Gastfreundschaft und dem Wein, der reichlich fließt, sind kein Mythos der Tourismuswerbung, sondern durchaus Teil der georgischen Realität. Das musste auch Ali erleben, dessen Aufenthalt in Tbilisi weniger aus zweisamen Spaziergängen mit Nino bestand als aus Feiern mit ihrer ganzen Verwandtschaft. Nach den Gelagen kurierten ihn Ninos Vettern in den Bädern und erzählten dort die Gründungsgeschichte Tbilisis: Hier soll die Stadt ihren Anfang genommen haben, als der georgische König Wachtang I. Gorgassali im 5. Jahrhundert auf einem Jagdausflug die heißen Quellen entdeckte und den Ort nach ihnen Tbilisi, „Ort der warmen Quellen", nannte. Heute sind sie wohl der „orientalischste" Ort der Stadt mit einer Eingangsfassade, deren Architektur und Gestaltung mit blauen Fliesen an die einer persischen Moschee erinnert, und mit Kuppeln von unterirdischen Badekammern, die auf Straßenniveau eine Landschaft bilden.

An den Bädern liegt ein kleiner Park, in dem ich einen alten Bekannten treffe: Heydar Aliyev, nach dem auch eine der großen Straßen entlang der Kura benannt worden ist – Tbilisi ist im Übrigen auch eine der vermutlich wenigen Städte der Welt mit einer George-W.-Bush-Straße. Warum es eine Heydar Aliyev-Straße gibt, ist klar: Spätestens seit dem Krieg mit Russland 2008 ist Georgien vollkommen abhängig von den Ölimporten aus Aserbaidschan und der internationalen Aufmerksamkeit, die es als Durchgangsland für aserbaidschanisches Öl erhält. Sakartvelo, „Land der Leute von Kartli" (Kartli ist die zentrale Region Georgiens), nennt sich Georgien selbst, Socar-tvelo sagen manche

heute: „Socar-Land" nach dem aserbaidschanischen staatlichen Ölkonzern Socar.
Ich gehe in die Altstadt zurück zur neuen Brücke. Die Brücke, eine moderne wild geschwungene Glas-und-Stahl-Konstruktion, passt überhaupt nicht zur Altstadt, und ich kann verstehen, dass sich viele georgische Freunde über den verbauten Blick vom anderen Ufer der Kura auf die Altstadt, die „Stadt der Balkone", ärgern. Aber einfach so für sich betrachtet, als moderne Brückenkonstruktion, gefällt mir der Bau ausgesprochen gut. Allerdings kann ich das nicht über das Gebäude sagen, das sich über dem Park an der Brücke gegenüber der Altstadt erhebt. Nein, es ist nicht der Präsidentenpalast, der liegt noch etwas höher, sondern ein Theater-/Kulturzentrum, für das „unbeschreiblich" ein ganz gutes Adjektiv zu sein scheint: Zwei riesige weiße Röhren laufen von dem Abhang, an dem es liegt, weg und enden, plötzlich und wie abgeschnitten, in dunklen runden Fensterfronten. Dass der Bau nicht nur hässlich, sondern noch nicht einmal funktional ist und deshalb leer steht, macht die Sache nicht besser. Dagegen kann ich mich mit dem neuen Stadtverwaltungsgebäude schon eher anfreunden, dessen zahlreiche geschwungene, sich teilweise überlappende Dächer an eine Gruppe Pilze erinnern. Besonders funktional soll es allerdings auch nicht sein, zumindest berichten Freunde von kafkaesken Rundwegen durch das Gebäude, die sie unternehmen mussten, um Genehmigungen für die verschiedensten Dinge – von der Aufenthaltserlaubnis bis zur Gewerbeerlaubnis – zu bekommen.

Die Mischung von Neu und Alt gerade am Rand der Altstadt macht mir durchaus Spaß, ich kann aber auch die Ängste der Tbilisier verstehen, die bereits die ganze Altstadt unter neuer Architektur begraben sehen – möglicherweise sogar buchstäblich, wenn nämlich der Hang über die Altstadt vollkommen bebaut wird und dann beispielsweise nach heftigen Regenfällen nachgibt. Die Vorstellung erinnert nicht zufällig an die Bakuer Ängste, die die

Zukunft der Stadt betreffen, die unter den Flame Towers liegt. Das Problem ist dasselbe, nur dass in Tbilisi bislang noch nichts gebaut wurde.

Was Regengüsse in einer Stadt anrichten können, in der Stadtplaner solche Kleinigkeiten wie die Natur für vernachlässigbar halten, erfuhr Tbilisi im Sommer 2015. Nach einigen Tagen heftigen Regens rächte sich die Vake, ein kleines Nebenflüsschen zur Kura, für ihre teilweise unterirdische Einkesselung: Sie brach aus ihrem Tunnel aus, überschwemmte innerhalb weniger Stunden das angrenzende sowjetische Stadtviertel mit dem dort liegenden Zoo und spülte schließlich Tiere, mitgerissene Bäume und Hausrat auf den Heldenplatz. Das Foto von einem Nilpferd mitten in Tbilisi ging um die ganze Welt.

Der Heldenplatz, der zum Zentrum des Chaos wurde, ist schon im trockenen Zustand eine städtebauliche Katastrophe: In der Mitte eines Kreisverkehrs steht ein ebenso überdimensioniertes wie hässliches Denkmal für alle, die irgendwann irgendwo für Georgien gefallen sind. Das Beste, was man über das Denkmal sagen kann, ist, dass es so abstrakt ist, dass ihm wenigstens jedes nationale Pathos abgeht. Das Zweitbeste ist, dass es so umtost von Verkehr ist, dass Autofahrer keinen Blick dafür übrig haben können. Für einen Fußgänger, der sich im Gewirr der Unterführungen verirrt und an der falschen Stelle doch versucht, die Straße zu überqueren, ist die ganze Anlage schlichtweg tödlich.

Meinen georgischen Freunden steckte der Schreck von der Überschwemmung noch Monate später in den Knochen, weniger wegen des Nilpferds als vielmehr wegen des Tigers, der mehrere Tage, nachdem angeblich alle Tiere eingefangen worden waren, plötzlich aus den Trümmern auftauchte und einen freiwilligen Aufräumhelfer tötete. Die Stadtverwaltung fand es nicht weiter verwunderlich, dass der Zoodirektor bei der Inventur nach der Katastrophe vergessen hatte, auch die Tiger zu zählen. Klar, das ist ein Tier, das man ja mal eben vergessen kann, wie den Pinguin, der die Kura abwärts schwamm und ein paar Tage später in Aserbaidschan auftauchte, von wo er – vermutlich wegen fehlenden Visums – schnell wieder zurückgeschickt wurde. Als ich ein paar Monate später einen Blick in den Zoo werfe, ist das Gelände zwar wieder halbwegs aufgeräumt, aber die überlebenden Tiere in ihren kleinen Gehegen machen noch immer einen traurigen Eindruck. Ein Tierschutzverein hätte also in Tbilisi zuerst einmal andere Sorgen als den Heiligen Georg und seinen Drachen.

Hier schließt sich auch für mich der Kreis meines Weges durch Tbilisi: Von den provisorischen Fußgängerbrücken am Heldenplatz blicke ich zur Sameba-Kathedrale und denke daran, dass der georgische Patriarch erklärte, die Überschwemmung sei die Rache Gottes dafür, dass der Zoo in den 1920er-Jahren mit Geldern gebaut worden sei, die durch das Einschmelzen von Kirchenglocken zusammengekommen waren. Demnach hat der Allmächtige in den Augen der georgisch-orthodoxen Kirche eine erstaunlich langsame Reaktionszeit. Bisher hat er allerdings noch nicht auf diese Unterstellung reagiert.

Die Georgische Heerstraße und die Welt der Berge

Unermesslich ist die Schönheit der weiten Schneemassen, unbeschreiblich die Klarheit der Bergluft. Wer einmal das Panorama der Berge gesehen, die märchenhafte Luft des Kaukasus geatmet hat, wird sich immer nach ihm zurücksehnen, denn es gibt in der Welt keine klarere Luft, keine schöneren Berge. ... Unbekannt und unbezwungen erheben sie seit Urzeiten ihre weißen Gipfel gen Himmel, mystische Legenden umgeben sie, kein Mensch, kein Tier betritt den ewigen Schnee, kein Ton dringt in das drohende Schweigen der Riesen.

Aus „Die Wiege der Menschheit", in *Zwölf Geheimnisse im Kaukasus*

Von Tbilisi aus kommt man am einfachsten in den Hohen Kaukasus, indem man die Georgische Heerstraße nimmt – dies ist der einfachste und zugleich auch der eindrucksvollste Weg, denn schon der Name klingt legendär und weckt romantische Vorstellungen: Georgische Heerstraße. Diese Straße über den Hohen Kaukasus verband ursprünglich die russische Hauptstadt des Nordkaukasus, Wladikawkas, den „Beherrscher des Kaukasus", mit Tbilisi, der Hauptstadt Transkaukasiens. Die Passstraße, die bereits in der Antike bekannt war, wurde im 18. Jahrhundert für den Transport russischer Truppen ausgebaut und im 19. Jahrhundert auch für den zivilen Reiseverkehr in den nun zum Russischen Reich gehörenden Kaukasus immer stärker genutzt. Hier bewunderten Dumas und Puschkin die schroffen Berghänge, fürchteten und ersehnten die Begegnung mit den berühmten kaukasischen Räubern. Vor dem Ersten Weltkrieg gab es hier bereits einen regelmäßigen Posttransport mit Autos und auch in den Jahrzehnten nach der Revolution blieb die Georgische Heerstraße die wichtigste Verkehrsverbindung zwischen dem Nord- und dem Südkaukasus. Dementsprechend war die Georgische Heerstraße im Zweiten Weltkrieg ein wichtiges Ziel des deutschen Vorstoßes im Nordkaukasus, über den man Baku und die Ölfelder erreichen wollte. Soweit kamen die deutschen Truppen aber nie. Dass aber keine Deutschen in den 1940er-Jahren die Heerstraße betreten haben, stimmt jedoch nicht: Deutsche Kriegsgefangene sollen zu Instandhaltungsarbeiten eingesetzt worden sein und die Straßentunnel gebaut haben. Die Straße muss im Gegensatz zu den vielen Häusern, Straßen und Bahntrassen, die ebenfalls deutschen Kriegsgefangenen zugeschrieben werden, seit den 1950er-Jahren schon mehrfach erneuert worden sein. Kein Wunder, denn trotz der gespannten georgisch-russischen Beziehungen ist sie immer noch eine der wichtigsten Nord-Süd-Transportrouten über den Kaukasus. Lastwagen mit russischen, armenischen, ukrainischen, iranischen, selten auch mit georgischen Kennzeichen fahren auf der Serpentinenstraße. Der letzte Ort auf der Heerstraße vor der russischen Grenze heißt Kazbegi – zumindest steht das an den Marshrutkas und so nennen ihn auch alle Georgier, mit denen ich spreche. Vor der Revolution hieß der auf 1700 Metern Höhe gelegene Ort Stepanzminda – der Ort des Heiligen Stefan, und so heißt er inzwischen offiziell auch wieder. Der Name, den er 1921 nach dem von dort stammenden Dichter Alexandre Kazbeg (1848–1893) erhielt, blieb allerdings dennoch hängen.

Obwohl der Grenzübergang nur wenige Kilometer nördlich von Kazbegi seit seiner Schließung in den Jahren 2007 bis 2010 offiziell wieder geöffnet ist, scheint er vor allem von Lastwagenfahrern und den Bewohnern der Nordkaukasus-Republiken im kleinen Grenzverkehr genutzt zu werden. Die vielen internationalen Mountainbiker, die sich, sobald der Schnee auf den Pässen halbwegs geschmolzen ist, in Kazbegi versammeln, scheinen auf das Abenteuer „Nordkaukasus" lieber zu verzichten, und meine

Die Georgische Heerstraße und die Welt der Berge

georgischen Freunde verziehen nur das Gesicht: Ihnen wäre es lieber, es gäbe keine Möglichkeit für Russen, auf dem Landweg nach Georgien zu kommen.

Trotz der guten Straßenverhältnisse scheiterte mein erster Versuch, Mitte November nach Kazbegi zu fahren daran, dass der letzte Pass vor Kazbegi, der mit 2379 Metern zugleich höchste Pass der Heerstraße, bei Schnee nicht befahrbar war. Heute träumen Tourismusentwickler von einem eigenen Flughafen für Kazbegi. Ob der nun witterungsunabhängiger wäre, sei einmal dahingestellt. Im April ist der Schnee aber – zumindest weitgehend – geschmolzen und dem Aufbruch in die Berge steht nichts mehr im Wege.

Am Ende der finsteren Daryalschlucht bei Tbilisi steht die Burg Mzcht, von der aus Tamara über ihre Länder und ihre Männer regierte. In dieser Burg empfing sie Generäle, Priester, Fürsten, Kaufleute und Bauern.

Aus „Im Land des Heiligen Grigorius",
in *Öl und Blut im Orient*

Mzcheta ist von Tbilisi aus der erste wichtige Ort an der Georgischen Heerstraße. Man erreicht die alte Hauptstadt des georgischen Königreichs Kartli, die heiligste Stadt der georgischen Kirche, schon nach wenigen Kilometern. Hier lebte die Heilige Nino, die die Georgier im 4. Jahrhundert zum Christentum bekehrte, hier hatte die legendäre Königin Tamar – nicht russifiziert zu „Tamara" wie bei Essad Bey – ihre Burg, hier residierte über Jahrhunderte der Patriarch der georgisch-orthodoxen Kirche, bevor er seinen Hauptsitz in die Tsminda Sameba-Kathedrale von Tbilisi verlegte.

Die größte Kirche von Mzcheta ist die Sveti Tskhoveli-Kathedrale aus den 11. Jahrhundert, eine mächtige Anlage, die auf einem Bau aus dem 4. Jahrhundert errichtet wurde. Eher klein daneben wirkt das nahegelegene Samtavro-Kloster aus dem 4. Jahrhundert mit der Kapelle, in die sich die Heilige Nino zum Beten zurückgezogen haben soll.

Schon seit den 1970er-Jahren stehen die Altstadt und die Kirchen von Mzcheta unter Denkmalschutz, seit 1994 sind sie UNESCO-Weltkulturerbe und seit 2009 stehen sie auf der Liste des gefährdeten Weltkulturerbes, da sowohl bei den Steinmetzarbeiten als auch bei den Fresken große Probleme durch mangelnden Schutz und unsachgemäße Restaurierung auftraten. Renovierungsarbeiten an und um die Kirchen gefährden außerdem die Authentizität der Kirchen. Die Probleme der Fresken kann ich nicht beurteilen; nicht zu übersehen ist, dass sich um die Kathedrale eine Infrastruktur entwickelt hat, die aus entweder neugebauten oder überrenovierten „echten" georgischen Häusern besteht. Während der Touristensaison befinden sich hier Andenkenläden voller georgischer Spezialitäten und globalisiertem Kitsch, Restaurants und Cafés mit Dekorationen, die aussehen, als wären sie den Gemälden des berühmten georgischen Malers Pirosmani entsprungen. Dazwischen Männer in kaukasischen Trachten, die Werbung für Restaurants machen und sich für etwas Geld fotografieren lassen. Händler und Gastwirte gehörten immer ins Umfeld großer Kirchen – ebenso wie die auch heute omnipräsenten Bettlerinnen – und sind damit in ihrer Weise durchaus authentisch. Nur außerhalb der Touristensaison wird das Problem klar, denn dann gleicht das Viertel einer Geisterstadt. Alltagsleben gibt es hier nicht mehr.

In Mzcheta vor der großen Kathedrale, ebenso wie an der kleinen Kirche der Heiligen Nino, wird mir endgültig klar: In Georgien kommt man um das Mittelalter nicht herum. Im Gegensatz zum Albanischen Reich der modernen aserbaidschanischen Geschichtsschreibung, von dem die wenigsten über fünfundzwanzig je gehört haben, ist das Mittelalter in Georgien kein neuer Versuch, eine nationale Geschichte zu erfinden. Durch die georgisch orthodoxe Kirche waren die Geschichten der großen Herrscher und der Heiligen seit Jahrhunderten Volksgut und sie wurden auch von braven Kommunisten in den Neubausiedlungen der Industrievororte weitergegeben. Denkmäler großer Könige des Mittelalters stehen an wichtigen Kreuzungen und große Straßen sind nach ihnen benannt. Zentrale Namen überall sind neben dem Dichter Rustaveli, König Davit der Erbauer und die Königin Tamar. Sie sind untrennbar mit der Blütezeit vom 11. bis zum frühen 13. Jahrhundert verbunden, als die Dynastie der Bagratiden das Land zu bis dahin unbekannter Einheit und Größe führte. Kurze Blütezeiten der Einheit und Größe haben den Vorteil, dass man sie in den folgenden Jahrhunderten ausführlich verklären kann – und genau das ist in Georgien passiert. Während das Land seitdem (genaugenommen bis heute) immer wieder in einzelne Königreiche zerfiel, die entweder von Eroberern aus Nord und Süd, West und Ost, besetzt und einverleibt wurden oder sich als Vasallenstaaten weit entfernt von politischer Eigenständigkeit befanden, blieben die Träume von alter Größe bestehen. Eine Sprache, eine Schrift, eine Kirche und zumindest einzelne Volkshelden, auf die man sich landesweit einigen kann: In der Frage nach der Identität hatten es Georgier bei der Schaffung eines Nationalbewusstseins und einer gemeinsamen Identität offensichtlich leichter als Aserbaidschaner.

Vor allem um die Königin und den Dichter ranken sich die Legenden. Bei Essad Bey wird Tamar zum weiblichen Gegenstück des Sultans aus „Tausendundeiner Nacht" und Rustaveli zu Sheherazade.

Jeder Georgier hat das Recht, mit der Königin zu schlafen. ... Die Königin aber hatte Tausendundeine Nacht gelesen. Sie wusste, wie der grimmige Sultan Sheherban bei Sonnenaufgang seine neuvermählten Frauen hinrichten ließ. Sie hielt sich für berufen, diese Frauen zu rächen. Deshalb erschien an jedem Morgen der Eunuch und enthauptete ihren glücklichen Liebhaber, auch wenn es der tap-

ferste General war. ... *nur ein einziger Mann wurde nicht dem Schwert des Eunuchen, sondern dem Neid der Untertanen preisgegeben: Es war Shota Rustaweli, der größte Dichter Georgiens.*

Aus „Im Land des Heiligen Grigorius",
in *Öl und Blut im Orient*

Die bedeutende Königin der Georgier als buchstäblich männermordendes Ungeheuer – das gespaltene Verhältnis kaukasischer Männer zu starken Frauen könnte kaum besser illustriert werden.

Eine andere, moderne Legende verbindet Essad Bey mit Mzcheta: Hier hatte Dumas sein ganz besonderes Kaukasus-Erlebnis, seine Begegnung mit den (beinahe) echten kaukasischen Räubern, die laut Essad Bey verkleidete Polizisten waren, die dem berühmten Dichter im Auftrag des Generalgouverneurs ein Abenteuer bescheren sollten. Ich weiß nicht, was die Polizisten von Mzcheta heute in ihrer Freizeit machen, die Lehrerinnen der örtlichen Schule haben offensichtlich einen neuen Weg gefunden, an das Geld der Fremden zu kommen: In der Kathedrale wird aus der eben noch andächtig entrückt betenden älteren Georgierin schnell die Geschäftsfrau: „Do you need a tour? I am a history teacher."

Die Heilige Nina [sic!], die Georgien zum Christentum bekehrte, gründete in dem kriegerischen Land Kirchen und Klöster. Die Mönche und Priester, die diese bewohnten, blieben gleichzeitig Heeresführer, kämpften mit den Ungläubigen, mit den georgischen Fürsten, siegten und wurden besiegt ...

Aus „Im Land des Heiligen Grigorius",
in *Öl und Blut im Orient*

Kaum hat man Tbilisi auf der Georgischen Heerstraße verlassen, fallen sie schon auf: die Kirchen und Klosteranlagen, die wie die Burgen in Mitteleuropa auf Berggipfeln liegen, eher Verteidigungsorte als Zentren von Gemeinden. Die Festung Ananuri nördlich von Mzcheta stellt mit zwei Kirchen und einer Klosteranlage eine solche Verbindung von Religion und weltlicher Macht dar. Angeblich soll keiner der Burgherren im 13. Jahrhundert eines natürlichen Todes gestorben sein, was offensichtlich als Adelszeichen für kaukasische Kämpfer gilt.

Kurz vor Ananuri wollte ich schon daran zweifeln, dass es die Berge wirklich gibt, durch die die Georgische Heerstraße führen soll. Die langsam ansteigende Ebene schien schier unendlich. Aber nun beginnen die Berge. Immer steiler wird es, die Kurven immer enger und nicht nur die Berge, sondern vor allem die Lastwagen auf der Strecke kommen beunruhigend näher.

Kurz vor der entscheidenden Passhöhe, die Kazbegi, das Ziel der Reise, im Winter immer wieder von der Welt abschneidet, liegt Gudauri. Dieser Ort ist seit sowjetischer Zeit ein Ski-Gebiet und soll künftig auch weiter ausgebaut werden. Die großen sowjetischen Ferienanlagen sind im Verfall begriffen, moderne Bauten für reiche Skitouristen entstehen. Spezialtouren mit Heliskiing, bei denen Helikopter Skifahrer auf unberührte Gletscher und zu fernab liegenden Abfahrten bringen, gehören selbstverständlich dazu.

Skifahrer auf der Suche nach der perfekten, noch unbekannten Abfahrt, Bergsteiger, Mountainbiker und Motorradtouristen, die die Georgische Heerstraße für sich entdeckt haben: Die Umweltfolgen des Tourismusbooms entlang der Georgischen Heerstraße sind absehbar. Bis jetzt beschäftigen sie die wenigsten, die Vorstellung, irgendeine menschliche Aktivität könne dem unfassbaren Bergpanorama etwas antun, scheint den meisten absurd. Doch ungeachtet dessen, wie klein sich der Mensch vor den Bergen fühlt, die ökologischen Schäden können doch verheerend sein. Bisher bleibt es bei vor allem von internationalen Organisationen vorangetriebenen Nationalparkprojekten.

Für die Bevölkerung sind gerade andere Probleme dringender. Das Hochtal um Kazbegi wirkt nur auf den ersten Blick überraschend dicht bevölkert. Ein Ortsschild reiht sich an das andere, Abzweigungen an der Straße führen zu weiteren Dörfern. Die Häuser sind groß, haben Höfe und Gärten, was den Eindruck eines gewissen Wohlstandes erweckt. Aber der Schein trügt. Die jungen Leute verlassen die Dörfer und das nicht erst seit der Unabhängigkeit. Auch die ältere Generation ist schon zu großen Teilen in die Städte abgewandert und bewohnt die Häuser hier nur noch im Sommer. Ein alter Mann, der wie ein kaukasischer Bergbauer aus dem Bilderbuch aussieht, entpuppt sich im Gespräch als pensionierter Wirtschaftsprofessor, der aus Nostalgie ein paar Wochen im Jahr im Haus seiner Eltern den Garten in Ordnung hält. Der Tourismus scheint eine Möglichkeit, die völlige Entvölkerung der Region aufzuhalten.

Kazbeg ist ein Zufallsname, den die Russen dem Riesen gegeben haben. Die Völker des Kaukasus nennen ihn jeder in seiner Sprache „den Berg Christi". Auf dem Gipfel des Berges befindet sich, nur für die Augen eines Frevlers unsichtbar, eine Kirche. In der Kirche errichtete die himmlische Macht das Zelt Abrahams, und in diesem Zelt steht das größte aller Heiligtümer, die Wiege des Heilands. Unermessliche Schätze sind um die Wiege versammelt, aber nur ein wahrhaft Frommer darf seine Hand nach ihnen ausstrecken.

Aus „Die Wiege der Menschheit",
in Zwölf Geheimnisse im Kaukasus

Von der Kirche auf dem Berg höre ich in Kazbegi nichts – vielleicht leben hier inzwischen einfach zu viele Frevler, als dass man sich noch an die Kirche erinnern könnte. Bekannter ist der alte griechische Mythos, nach dem der Kazbeg der Berg im Kaukasus sein soll, an den Zeus Prometheus gekettet hat, nachdem dieser den Menschen das Feuer gebracht hatte. Herakles kam später zur Befreiung des großen Kulturheros und erschoss den Adler, der die immer wieder nachwachsende Leber von Prometheus fraß. Kein Wunder also, dass ich weder die Kirche noch Prometheus sehen kann. Nur die Nachfahren des Adlers kreisen noch über dem Ort. Essad Bey kennt diesen Mythos natürlich auch, verlegt den Schauplatz aber weiter nach Westen, an die Grenze zu Abchasien.

Auch Essad Bey wusste, dass zu seiner Zeit nur noch wenige Gipfel des Kaukasus unbezwungen waren. Das ausgehende 19. Jahrhundert war die Zeit der Bergsteiger, die in den entlegensten Winkeln der Welt um die Ehre kämpften, Erstbesteiger eines Berges zu sein. Der 5047 Meter hohe Kazbeg wurde von einem Team aus Briten und Schweizern 1868 zum ersten Mal bezwungen. Der 5642 Meter hohe Elbrus im Nordkaukasus folgte 1874, die Erstbesteigung des ebenfalls über 5000 Meter hohen Ararat ist bereits 1829 dokumentiert worden.

Ich lege keinen Wert darauf, höher auf den Berg zu steigen, mir ist schon die auf 2170 Metern liegende Gergeti Sameba, die Kirche der Gergetier Dreifaltigkeit (benannt nach dem nicht mehr existierenden Dorf Gergeti, in dem sie einst lag), hoch genug. Unter all den weit oben auf Bergen gelegenen Kirchen, die jeden Angreifer abschrecken und bei Bedarf leicht zu verteidigen sind, muss die Gergeti Sameba als besonders sicher gegolten haben: Hier wurde über Jahrhunderte der Schatz der georgischen Kirche aufbewahrt, das Kreuz der Heiligen Nino ebenso wie vermutlich wesentlich irdischere Schätze. Heute muss man sich mit dem Blick über das Tal und die Berge zufriedengeben.

Den Kazbeg sieht man übrigens am besten von dem einzigen neuen Hotel Kazbegis, das von außen genauso aussieht wie die anderen verfallenden sowjetischen Hotels im Dorf oder in Gudauri, das aber über eine Terrasse und ein modern eingerichtetes Café mit Panoramafenstern verfügt. Auch wenn sich kein Einheimischer hier den Kaffee leisten kann: Auf das vielzitierte Fünf-Sterne-Hotel sind die Menschen hier stolz, es ist für sie die Zukunft des Ortes. Nur wenige kritisieren, dass sich an dem

Zustand ihrer Häuser und der sowjetischen Ruinen durch die Renovierung einer einzigen nichts ändert.

Eine andere Attraktion des Ortes ist das Regionalmuseum, das vor allem dem großen Sohn des Dorfes, Alexandre Kazbeg, gewidmet ist. Es ist auch sein Elternhaus, auffallend groß und eindrucksvoll (zumindest im Vergleich zu den anderen Häusern von Kazbegi, selbst den neueren) und räumlich eng mit der Kirche verbunden: Die Familie des sozialrevolutionären Dichters war offensichtlich reich und verstand sich sowohl mit dem Klerus als auch mit den russischen Herren gut. Ihr Reichtum stammte aus Zolleinnahmen entlang der Georgischen Heerstraße, der legalen Alternative zum Straßenraub.

Den umbenennenden Sowjets war offensichtlich entgangen, dass der Schriftsteller nicht nur das Leben des georgischen Volkes beschrieben hatte, sondern auch für die Unabhängigkeit eintrat. Das führte nach der Unabhängigkeit zu der salomonischen Lösung, den Ort wieder in Stepanzminda zurückzubenennen, die umgebende Region und der über 5000 Meter hohe Berg sollten aber weiterhin den Namen des Dichters tragen. Kein Wunder, dass kaum jemand von der Umbenennung des Ortes Notiz genommen hat.

Bei aller Verehrung scheinen die Werke Kazbegis heute nicht mehr besonders bekannt zu sein – selbst meine Freunde aus Kazbegi kommen beim Nacherzählen seiner Werke ziemlich ins Schleudern. Klar ist, dass sein Held Koba, der seinen Freund und dessen Verlobte an dem bösen russischen Amtmann rächte, einen anderen Revolutionär zu seinem ersten Decknamen inspirierte: „Koba" nannte sich der junge Stalin in seiner Bakuer Zeit, und in Kazbegi merke ich endgültig, dass ich dem weltberühmten Georgier auf meinem Weg durch den Kaukasus nicht mehr entkommen werde.

Während der Tourismus die Georgische Heerstraße erobert hat und auch das legendäre Swanetien im Westen immer selbstverständlicher bereit wird, gibt es in Georgien noch immer Bergregionen, die fast vollkommen von der Außenwelt abgeschlossen sind. Dazu gehört Chewsurien, das nur etwas weniger als 150 Kilometer entfernt von Tbilisi, östlich der Georgischen Heerstraße an der Grenze zu Tschetschenien liegt und selbst in Georgien so unbekannt ist, dass Essad Beys Biograf Tom Reiss es kurzerhand als Fantasie abtut. Dabei ist Essad Beys Beschreibung gar nicht so weit von der Realität entfernt:

> *Ganz nah an Tbilisi liegt Chewsurien, doch ist das Land frei, unabhängig, kein Polizist wagt seine Opfer nach Chewsurien zu verfolgen. Eine riesige Felsmauer umgibt Chewsurien und trennt es von der übrigen Welt. ... Wenn man die Felsmauer erstiegen hat, steht man vor einem Abgrund. Tief unten im Tal kann man die Chewsurendörfer sehen. Von der Felsmauer in den Abgrund hinab hängt ein langes Seil. Wer Mut hat, kann das Seil umklammern und sich zu den Chewsuren herablassen. ... Elf Monate im Jahr ist dies Seil die einzige Verbindung Chewsuriens mit der Außenwelt. Nur einen Monat kann man die Berge über einen lebensgefährlichen Pass passieren ...*
>
> Aus „Christen, die den Namen Christi nicht kennen",
> in *Zwölf Geheimnisse im Kaukasus*

Die Reiseveranstalter in Tbilisi, die ich nach Fahrten nach Chewsurien frage, zucken bedauernd mit den Schultern: im Juli, August vielleicht. In den drei bis vier Monaten, in denen die Straßen gut sind. Wenn sie gut sind. Wenn es nicht regnet. Wenn ich viel Geld ausgeben möchte. Wenn ich wirklich so verrückt bin. Sollte ich je Probleme mit der Polizei haben, weiß ich, wo ich hinfahre. Doch zuerst einmal breche ich zu leichter erreichbaren Zielen auf.

Nach Westen – Zu Bolschewiken, Höhlen und heilendem Wasser

Wer mit öffentlichen Verkehrsmitteln, im wahrscheinlichsten Fall mit der Marshrutka, dem Minibus, von Tbilisi in andere Regionen Georgiens aufbricht, ist zunächst mit dem Chaos an der U-Bahnstation Didube konfrontiert. Busbahnhof und Markt sind hier – wie fast überall in Georgien – untrennbar miteinander verbunden: lange Reihen von Marktständen für Kleidung, Haushaltswaren und Lebensmittel in (zumindest für den Uneingeweihten) unklarer Ordnung, ein Durcheinander von Marshrutkas und Taxis, Bettler und fliegende Händler mit Plastikspielzeug, Gebäck und Sonnenblumenkernen für die Reise oder mit Ikonen und Kerzen; Käufer, Ankommende, Abfahrende. Die Angebote, die die Männer einer allein reisenden Ausländerin machen, gehen von den von ihnen gerade angebotenen Produkten zu astronomischen Preisen, über Fahrziele zu einem ebenfalls unglaublichen Preis, bis hin zu Fantasien, von denen ich nicht dachte, dass irgendjemand sie öffentlich diskutieren möchte. Je nach Laune (und auch je nach Länge meiner Aufenthaltsdauer im Kaukasus im Allgemeinen und in Didube im Besonderen) finde ich das entweder herrlich amüsant oder den schlimmst möglichen Anschlag auf meine Nerven. Wenn man Glück hat, ruft ein Marshrutka-Fahrer gerade laut sein Fahrtziel aus oder wenigstens ein Schild am Bus weist in lateinischen Buchstaben darauf hin. Ja – es ist in Didube wie in ganz Tbilisi deutlich besser geworden mit der Präsenz lateinischer Buchstaben, aber gerade wenn man in kleinere Orte will, stehen die Chancen immer noch schlecht.

Mein Fahrtziel für die erste Etappe gen Westen ist dagegen leicht zu finden: In die eine Stunde entfernte Kleinstadt Gori fahren sowohl Marshrutkas als auch Sammeltaxen und das regelmäßig;

Nach Westen – Zu Bolschewiken, Höhlen und heilendem Wasser

Gori gehört zu den Orten wie Mzcheta oder Kazbegi, bei denen man davon ausgeht, dass Touristen dort unbedingt hinwollen.

Am Ufer des Kur, 76 Kilometer von Tiflis entfernt, von der transkaukasischen Eisenbahn berührt, umringt von Weinreben, Obstgärten und grünen Feldern, liegt die Stadt Gori, die jahrhundertealte einstige Festung der Könige von Kartlilien – die Gori-Ziche. ... Und auch heute, wo die wilden Bergsippen, die früher das georgische Tal bedrohten, für immer in ihre Schluchten zurückgetrieben sind, haben die Leute von Gori das feurige Erbe im Blute bewahrt. Von hier stammen viele georgische Krieger, Ritter und Freiheitskämpfer.

Stalin

Aber es ist nicht die tatsächlich schöne, wenn auch nach der Georgischen Heerstraße etwas langweilige Lage in der Ebene, die ausländische Besucher nach Gori bringt. Auch nicht die mächtige Burg über der Stadt, die an die großen Helden und Könige erinnert. Die Kleinstadt wäre touristisch vermutlich vollkommen uninteressant, wäre dort nicht im Dezember 1878 (der genaue Tag ist dank Kalenderreform wahlweise der 6. oder der 18. Dezember) ein viel bekannterer Herrscher als die frühen Könige Georgiens geboren worden: der in der Geschichte Bakus schon erwähnte berühmteste Georgier der Welt, der Schustersohn, der entlaufene Priesterzögling, Bankräuber, Zeitungsherausgeber, Ausbrecher, Bolschewist Josef Dschughaschwili, der sich später „Koba" nannte und noch später als „Stalin" bekannt wurde.

Sein Geburtshaus, ein schlichtes Holz- und Backsteinhaus des 19. Jahrhunderts mit Veranda und zwei Zimmern (schätze ich einmal, denn das Versprechen, das man es als Besucher besichtigen dürfe, wurde nie eingelöst, wenn ich da war), ist seit 1937 durch einen Schutzpavillon in bester stalinistischer Architektur mit hohen Säulen und einem teilweise lichtdurchlässigen Dach verborgen.

Von Baku nach Batumi – Durch den Kaukasus mit Essad Bey

Laut Essad Beys Stalin-Biografie mochte das Haus zwar ärmlich wirken, dennoch machte der damalige Prinz von Gori, Simeon Amilakhvari, ein Patenkind des Zaren, bisweilen nach seinen Jagdausflügen bei Stalins Vater Halt, um sich seine Schuhe richten zu lassen. In diesen Begegnungen mit dem Herrscher, der trotz seiner engen Beziehung zum Zaren nur noch sehr wenig Gebiet, von Einfluss ganz zu schweigen, hatte, sieht Essad Bey einen möglichen Grund für das spätere Streben des Jungen nach Macht und Einfluss:

In der Nähe des Palastes aber, in der kleinen Werkstatt des Schusters Dschugaschwili, wuchs ein Knabe heran, der kleine Schustersohn Soso, dessen Hände das Schusterhandwerk nicht erlernen konnten. Amilachwaris Ruhm und Art – das sind die ersten Eindrücke des kleinen Dschugaschwili. Vielleicht war es das Beispiel des alten Amilachwari, des geborenen Herrschers, das dem Schustersohn Soso den Weg wies, auf dem er Namen, Heimat und die väterliche Schusterwerkstatt vergaß ...

Stalin

An die Stadt mit ihren kleinen Häusern, großen Weingärten und vergessenen Helden, die Essad Bey beschreibt, erinnert neben dem Geburtshaus Stalins nur noch die Burg und das Denkmal einer seltsamen, überdimensionierten Ritterrunde zu ihren Füßen. Der Rest der Stadt wurde Ende der 1930er-Jahre ganz zur Verehrung des großen Sohnes umgebaut. Hinter dem schon 1937 zum Museum erklärten Geburtshaus erhebt sich das eigentliche Stalin-Museum wie ein komplett überdimensionierter italienischer Palazzo. Neben diesem Palast steht der Salonwagen, mit dem Stalin zu den Konferenzen fuhr, auf denen in den frühen 1940er-Jahren die Aufteilung der Welt beschlossen wurde: Teheran, Jalta und Potsdam. Eine Allee von typischen stalinistischen Wohnbauten, weit genug auseinanderstehend, um Platz für eine heute völlig verwilderte Parkanlage mit Springbrunnen zu lassen, läuft auf das Ganze zu. Etwas abseits von diesem Ensemble, vor dem Rathaus, stand eine sechs Meter hohe Stalin-Statue, vielleicht die letzte, die nicht nur die Entstalinisierung, sondern auch das Ende der Sowjetunion überlebt hatte. Erst im Jahr 2010 wurde sie entfernt. Heute höre ich manchmal das Gerücht, sie solle wieder aufgestellt werden, als Symbol der verbesserten Beziehungen zu Russland oder auf Wunsch der Kommunistischen Partei Chinas. Letztere habe Georgien viel Geld geboten, wenn es das Denkmal wieder aufstelle und ihr damit die Möglichkeit gebe, dort Zeremonien für hochrangige Kader abzuhalten. Die meisten Georgier, die mir davon erzählen, finden die Idee zwar absurd, haben aber keine grundsätzlichen Bedenken gegen das Wiederaufstellen. Nur dass das Geld Chinas dann wohl kaum bei der Bevölkerung Goris ankommen wird, das gilt als ein ernstzunehmendes Gegenargument.

Das Innere des Stalin-Museums erscheint unberührt von der Zeit. Die Ausstellung ist immer noch so, wie sie 1957 eingerichtet wurde – interessanterweise zu einem Zeitpunkt, als der Stalin-Kult bereits abgeschafft war. Ein nachträglich eingerichteter Raum zu den Verfolgungen unter Stalin fällt gegenüber den anderen Räumen nur wenig auf. Man fühlt sich hier, als wäre man in einer Zeit gelandet, in der Stalin noch der große Diktator war. Vielleicht nur etwas dunkler und kälter, da die Beleuchtung und Heizung der großen hohen Räume vermutlich Kosten verursacht, die von den Eintrittsgeldern der westlichen Touristen kaum aufgefangen werden können. Diese verstehen zwar wenig von den fast ausschließlich russischen Texten, aber die ausgestellten Bilder, die Fahnen und Banner, die Zeitungsartikel, die sich auch für nicht Russisch-Sprecher deutlich erkennbar auf die großen Ereignisse des frühen 20. Jahrhunderts beziehen, reichen aus, um das Gefühl zu vermitteln, in einer längst vergangenen, unheimlichen Zeit gelandet zu sein. Für besonderen Grusel sorgt die Totenmaske Stalins, die den Höhepunkt der Ausstellung bildet.

Das Verhältnis der Georgier zu ihrem bedeutendsten Landsmann als problematisch zu bezeichnen, ist untertrieben. Doch in den Souvenirgeschäften um das Museum in Gori erscheint die Verehrung ebenso ungebrochen wie im Museum selbst. Touristen können sich hier mit Souvenirs eindecken, die zumindest an Originalität schwer zu überbieten sind: Wo sonst, wenn nicht im Stalin-Supermarkt hinter dem Museum gibt es Wein mit Stalin-Etikett, den man aus Gläsern mit einem Stalin-Porträt trinken kann, Stalin-T-Shirts, Stalin-Uhren, Stalin-Postkarten? Man kann postmoderne Ironie vermuten, aber dazu erscheint das Ganze dann doch zu ernst. Die Verkäuferin ist erstaunt, als ich frage, wer das kaufe. Na, alle! Amerikaner, Russen, Deutsche, gerade hätten ein paar Skandinavier fast 100 Dollar ausgegeben. Georgier fehlen in ihrer Aufzählung, was aber auch an den Preisen liegen kann, denn ernsthafte Abneigung scheint niemand gegen das Museum oder die Geschäfte zu haben. Selbst Stalins Kritiker bewundern ihn offen als „starken Mann" mit mehr oder weniger großen Fehlern – eine Haltung, die auch bei Angehörigen anderer kaukasischer Völker zu beobachten ist. „Starker Mann" wird dabei auch gern als Kriterium für die Beurteilung der Qualität heutiger Politiker verwendet – Angela Merkel würde sich hoffentlich freuen zu hören, dass sie auch dazugehört, selbst wenn sie natürlich nicht in derselben Liga wie Stalin oder Hitler (letzterer auch gern als ein „starker Mann mit ein paar Fehlern") spielt.

Dabei kann man nicht behaupten, dass Stalin mit seinen Landsleuten besser umging als mit der restlichen Bevölkerung der UdSSR. Die georgische Elite wurde 1937 praktisch ausgelöscht, die Kirche und das georgische Königshaus hatte es schon vorher getroffen. Dennoch gehen bis heute viele Georgier davon aus, dass Stalin selbst mit diesen Ereignissen nichts zu tun hatte und Chruschtschow bei seiner Entstalinisierungskampagne aus schlichtem Hass gegen Georgier oder aus Neid auf den Sieger des „Großen Vaterländischen Krieges" handelte.

Das Verhältnis zwischen Georgien und Russland blieb auch nach der Unabhängigkeit angespannt. Da war zuerst der Krieg um Abchasien im Nordwesten, das sich als zuvor Autonome Republik innerhalb der georgischen SSR nach der Unabhängigkeit Georgiens wiederum von Georgien für unabhängig erklärte und bei dem folgenden Krieg bis zum Waffenstillstand 1994 stark von Russland unterstützt wurde. 2008 folgte die nächste Auseinandersetzung mit Russland diesmal über Südossetien, das ebenfalls seit der Unabhängigkeit Georgiens und den frühen 1990er-Jahren die massive Politik der damaligen georgischen Regierung gegen Minderheiten mit Forderungen nach Unabhängigkeit beantwortete und dabei russische Unterstützung erhielt. Nach fünf Tagen war der Krieg – wen wundert es? – zugunsten Südossetiens bzw. Russlands entschieden. Heute bildet Südossetien zusammen mit Abchasien, Bergkarabach und – als einzige nicht kaukasische Region – Transnistrien die „Gemeinschaft nicht-anerkannter Staaten". (Wer sich fragt, warum es so wenig Satiriker im Kaukasus gibt: Mit solcher Realität muss Satire erst einmal mithalten können ...)

Gori war in die Auseinandersetzungen 2008 unmittelbar einbezogen, denn die Grenze zum damals umkämpften Südossetien liegt nur wenige Kilometer nördlich der Stadt. Einwohner können heute noch Besuchern die Schäden, die damals durch russische Bomben und Artillerie entstanden sein sollen, zeigen. Das Denkmal für die Gefallenen dieses Krieges in Gori beschwört mit überlebensgroßen Ritterfiguren am Fuß des Burgberges noch einmal die Ritterkultur des alten Gori. Essad Bey erwähnt ebenfalls Goris Nähe zu den Osseten, die er als „geheimnisvoll" und als „indogermanische Rasse" beschreibt und zu denen Stalins Mutter gehört haben soll. Auch soll sich der junge Stalin immer zu diesen wilden Bergbewohnern hingezogen gefühlt haben.

Das Museum der Sowjetischen Okkupation in Tbilisi, ebenso wie das Museum in Gori und die Souvenirgeschäfte, spiegeln das schwierige Verhältnis zur jüngeren Vergangenheit wider. Zum

Glück gibt es ganz in der Nähe Goris auch einen Ort, an dem man sich völlig den ungebrochenen Träumen von großer Vergangenheit hingeben kann: die Höhlenstadt Upliszche, die wohl bekannteste von mehreren über ganz Georgien verteilten Höhlensiedlungen.

Die berühmteste dieser toten Höhlenstädte ist „Upliszche", die „Burg Gottes", die sich in der Nähe der Stadt Gori befindet, und, von Legenden verherrlicht, den Georgiern als nationales Heiligtum gilt. ... Schätzungsweise soll sie dreitausend Jahre alt sein. Die Georgier sind allerdings anderer Meinung. Für sie ist die große Königin Tamar die Erbauerin der Stadt. Das will aber nichts besagen, denn in Georgien ist bekanntlich jede Ruine, auch wenn sie nur fünfzig Jahre alt ist, von der Königin Tamar erbaut.

Aus „Ruinen, tote Städte und Kirchen",
in Zwölf Geheimnisse im Kaukasus

In gewisser Weise haben Essad Bey und die von ihm zitierten Georgier beide recht und zugleich nicht recht: Die frühesten Funde aus Upliszche lassen sich auf das 6. Jahrhundert vor Christus datieren (Das ist zwar nicht ganz dreitausend Jahre her, aber nahe genug dran!) und es wurden einige heidnische Kultstätten ausgegraben. Ihre Blütezeit aber hatte die Stadt im frühen Mittelalter – wenn auch nicht ganz freiwillig: Die Araber hatten Tbilisi im 7. Jahrhundert eingenommen und in den folgenden unruhigen Jahrhunderten der Kämpfe zwischen Muslimen und Christen wurde Upliszche immer wieder zur Schutzburg für die christliche Bevölkerung. Bis zu 20.000 (nach manchen Angaben sogar mehr) Menschen sollen hier zeitweise gelebt haben. Auch wenn der Berg weitläufiger ist, als es zuerst den Anschein hat, stelle ich mir das schon reichlich gedrängt vor. Ob die Königin Tamar mit der Stadt noch viel zu tun hatte, das sei einmal dahingestellt, erlebte doch Georgien unter ihr im frühen 13. Jahrhundert eine Friedensperiode, in der Städte wie Tbilisi und Mzcheta wieder die Zentren des kulturellen, wirtschaftlichen und politischen Lebens wurden. Dass eine der Höhlen als „Höhle der Königin Tamar" bezeichnet wird, hat wohl eher mit der von Essad Bey als typisch georgisch bezeichneten Angewohnheit zu tun, erstmal alles der Königin Tamar zuzuschreiben.

Uplisziche ist ein Steinberg; waldlos und grau erheben sich seine Felsen über dem Kur-Fluss. ... Die Felsenstadt selbst ist durchaus keine primitive Behausung prähistorischer Felsenbewohner! Im Gegenteil: Fein geschnittene Säulen stützen die Decke der Säle, sie verraten Stil und Kunst einer festen Kultur.

Aus „Ruinen, tote Städte und Kirchen",
in *Zwölf Geheimnisse im Kaukasus*

Von unten sieht der Berg über der Kura nicht besonders hoch aus, eher wie ein Hügel – jedenfalls im Vergleich zu den Bergspitzen, auf denen in derselben Zeit Kirchen und Klöster aus Sicherheitsgründen oft angelegt wurden. Nach einiger Kletterei über Treppen und vom Regen über Jahrhunderte rund und glatt geschliffene Steine bin ich dann doch der Meinung, dass die Stadt nicht besonders leicht zu erobern gewesen sein kann. Tatsächlich gelang es erst im 13. Jahrhundert einem Sohn Dschingis Khans, die Stadt einzunehmen und zu zerstören (der häufig verwendete Begriff, er habe es „dem Erdboden gleich gemacht" erscheint mir bei einer Höhlenstadt unpassend).

Die meisten Höhlen sind weder sehr tief noch besonders groß und öffnen sich weit zum Tal hin; Decken, Wände und Wandnischen sind rußgeschwärzt. Nur in wenigen lassen sich frühere Nutzungen erkennen und die Benennungen an den Eingängen lassen viel Raum für Fantasie über das Leben der Bewohner. Das neugebaute Museum ist noch nicht eröffnet und so wird meine Fantasie nicht von allzu viel wissenschaftlichen Tatsachen gestört.

Die Kirche oben auf dem Berg wirkt als ganz normales Bauwerk aus Stein inmitten der abgerundeten Felsen und in den Fels gehauenen Höhlen reichlich deplatziert, wird aber auf das 10. Jahrhundert datiert – demnach hat sich in Uplisziche niemand versteckt, denn die Kirche kann man als Landmarke kaum übersehen. Die Datierung überrascht mich, von einer so alten Kirche hatte ich schöne Fresken und eine halbwegs edle Ikononostase – die mit Ikonen geschmückte Wand, die in orthodoxen Kirchen den Raum der Gemeinde vom Altarraum trennt – erwartet, aber das Innere wirkt sehr ärmlich, und ich glaube nicht, dass man Dschingis Kahns Sohn dafür verantwortlich machen kann.

Ein Reiseführer erklärt, die Bewohner Upliszichs hätten sich vorwiegend von auf der Seidenstraße vorbeiziehenden Karawanen ernährt – eine Aussage, die man sich besser nicht bildlich vorstellt. Generell bin ich im Kaukasus ja immer skeptisch mit der inflationär verwendeten Bezeichnung „Stadt an der Seidenstraße", da ich davon ausgehe, dass es einen Grund gibt, warum diese Region auf den meisten Seidenstraßen-Karten nicht zu finden ist. Sowohl in Nord-Süd- als auch in West-Ost-Richtung hatte man ziemlich viele Möglichkeiten, das Hochgebirge mit seinen auf ihr Räubertum stolzen Menschen zu umgehen. Für Uplisziche scheint die Beschreibung als wichtiges Handelszentrum tatsächlich gegolten zu haben und, wenn überhaupt, ist vermutlich die Kura-Ebene eine Route, auf der man lange ohne allzu heftige Steigungen und Kontakt mit Bergvölkern auf der Ost-West-Strecke durch den Kaukasus kommt.

Aber kurz hinter Uplisziche ändert sich das. Langsam endet die Ebene und die Berge rücken immer näher. Dort, wo die Kura nicht mehr weitverzweigt durch die Ebene fließt, sondern als wilder Bergfluss zwischen steilen Hängen, liegt der legendäre Kurort Borjomi.

Nach Westen – Zu Bolschewiken, Höhlen und heilendem Wasser

Das, was dem Europäer in Wunschträumen als „Südland" vorschwebt, was die stille Sehnsucht eines jeden Nordländers bildet, fand sich in dem stillen Tal des Kaukasus verkörpert vor. Tropenpflanzen, Tropenwälder, schäumende Bergflüsse, malerische Bevölkerung ... Im meilengroßen Park, zwischen Bäumen und Bergen, standen Villen aus Marmor, die sämtliche Finessen des europäischen Komforts bargen. Es gab in der ganzen Welt keine ähnliche Mischung zwischen östlicher Romantik und westlicher Überkultur, wie das Luxusbad am Besch-Tau aufwies.

Aus „Narsan – Das Blut des Riesen",
in Zwölf Geheimnisse im Kaukasus

Was dem Westeuropäer Italien war, waren dem Russen eben die Schwarzmeerküste und der Kaukasus. Essad Bey erzählt hier zwar vom nordkaukasischen Kislowodsk, aber die Beschreibung wird auch für das georgische Kurbad an der Kura gegolten haben. Auch hier traf sich die vorrevolutionäre Elite, um das wunderbar gesunde Wasser zu trinken, europäischen Tratsch und kaukasische Exotik zu genießen. Das Wasser von Borjomi soll vor allem Magen- und Darmbeschwerden jeder Art kurieren. Die fantastische Wirkung entdeckten russische Soldaten recht bald nach der Eroberung des Kaukasus und der damalige Gouverneur ließ das Wasser untersuchen. Als die Wirkung als chemisch gesichert gelten konnte, ließ er in den 1850er-Jahren rund um die Quellen den Ausbau zum Kurort beginnen. Die wichtigste Quelle im dann angelegten Kurpark wurde nach seiner Tochter Ekaterina benannt, die hier von einem besonders hartnäckigen Leiden befreit worden sein soll. Anfang des 20. Jahrhunderts gewann das Wasser sogar in Westeuropa Preise, stolz werden die Urkunden im Heimatmuseum gezeigt, ebenso wie Gegenstände aus dem nahegelegenen Zarenpalast – wenn das die Einrichtung eines entfernten, vermutlich nicht sehr oft genutzten Feriendomizils der Romanovs war, wird die Wut der Revolutionäre um den Mann aus Gori sehr verständlich. Laut Essad Beys Stalin-Biografie soll dieser tatsächlich mit den Nachbarjungen aus Gori Ausflüge die Kura hinauf nach Borjomi gemacht und dort die gut bewachten Villen der Reichen aus Russland und dem Kaukasus gesehen haben. Heute stehen keine Wachen mehr vor den großen Häusern mit den Schnitzereien, die immer ein wenig orientalischer, ein wenig uneuropäischer wirken als an den traditionellen Häusern der Region und die damit vom Geschmack der reichen Besucher aus dem Norden zeugen.

Als der große Revolutionär und seine Mitkämpfer dann an die Macht kamen, änderte sich im ehemaligen Zarenreich alles, die Beliebtheit Borjomis und seines Mineralwassers allerdings blieb ungebrochen. Große Wohn- und Hotelkomplexe, die heute entweder leer stehen oder von IDPs (Internally Displaced Persons; siehe auch Kapitel „Von Dichtern, Sängern und einem verlorenen Land – Karabach", Seite 29 ff.) aus Abchasien (wie in Aserbaidschan in Bezug auf Karabach, vermeidet man auch in Georgien in Bezug auf Abchasien das Wort „Flüchtling", um den Anspruch auf das verlorene Gebiet zu betonen) bewohnt werden, zeugen davon, dass hier spätestens seit dem Zweiten Weltkrieg nicht nur die höheren sowjetischen Kader Urlaub machten. Die ungebrochene Beliebtheit des Ortes seit der Zarenzeit hat die verschiedensten Formen touristischer Architektur hervorgebracht – von Villen der kaukasisch-russischen Elite der vorrevolutionären Zeit, die heute liebevoll restauriert werden, über Betonburgen des sowjetischen Massentourismus, bis zu heute überall aus dem Boden schießenden Privatunterkünften.

Wer in der Sowjetunion keine Chance hatte, nach Borjomi zu kommen, musste deshalb nicht auf den Genuss des so gesunden Wassers verzichten, denn die Abfüllung ging in die Massenproduktion und die Flaschen wurden in alle Staaten des Ostblocks exportiert. Borjomi als Marke war bekannt und geschätzt und bis heute wird sein Geschmack gepriesen. Restaurants im Baltikum wie in Zentralasien führen es stolz auf der Speisekarte. Von den vielen georgischen Mineralwässern ist es das einzige, das diesen Kultstatus erlangt hat. Vermutlich ist es eine jener Geschmacksrichtungen, die man von Kindheit an lieben gelernt haben muss, um sie für immer zu schätzen – für die meisten Ausländer ist der leicht schwefelig-salzige Geschmack eher abschreckend. Für Russen war dagegen das Einfuhrverbot für Borjomi, das die russische Regierung 2006 angeblich wegen Hygienemängeln verhängte, eine Katastrophe. Für die georgische Firma, die das Mineralwasser vertrieb, auch. Allerdings ist diese Firma nach einigen Angaben Teil eines russischen Großkonzerns, was dem ganzen Wirtschaftskrieg einen ganz eigenen Geschmack verleiht.

Bis heute kann man im Kurpark sein Borjomi selbst von der Quelle holen. Aus der Hauptquelle direkt im Park unter dem gerade frisch türkisfarben gestrichenen Eisenpavillion fließt lauwarmes, aus einer weiteren kurz vor dem Eingang, kaltes Wasser. Der Erholungseffekt des weitläufigen Kurparks mit seinen Cafés und Spielmöglichkeiten für Kinder wird bei meinem Besuch etwas geschmälert: Es ist Nebensaison und wie an vielen Orten in Borjomi ist man eifrig dabei, für den Sommer zu renovieren und zu bauen. Der Lärm von Bohrern und Betonmischern und der Geruch von Farben wollen allerdings nicht in die Bergidylle passen. Dafür sind die Warteschlangen an den wenigen Hähnen, aus denen das Quellwasser fließt, nicht ganz so lang wie im Sommer. Offensichtlich gibt es zwei Sorten von Quellennutzern: Touristen, die erst vor Ort für ein paar Tetri einen Plastikbecher, manchmal für einen Lari auch eine Halbliter-Flasche kaufen und von ihren Freunden Fotos beim Füllen und Trinken machen lassen, und Profis, die mit ihren eigenen 5-Liter-Flaschen kommen und geduldig warten, bis der dünne Wasserstrahl nach und nach das Gefäß gefüllt hat.

Eine Seilbahn führt direkt vom Kurpark auf einen der niedrigeren Berge, auf dem man das tut, was man auf so vielen georgischen Bergen tun kann: die Aussicht genießen und in einer etwas abgelegenen kleinen Kirche beten. Essen könnte man auch, aber so früh im Jahr ist das Restaurant noch nicht geöffnet. Die Natur ist aber auch bei nebelig-regnerischem Aprilwetter schön, die heruntergekommenen sowjetischen Hochhäuser, die überall zwischen den alten kleinen Häusern aufragen, wären vermutlich bei schönstem Wetter einfach nur scheußlich, aber noch verhüllt sie der graue Nebel gnädig. Immerhin bleibt es Ton in Ton.

Spätestens auf dem Busbahnhof in Borjomi bin ich auch vollkommen im georgischen Alphabet und in der Sprache gelandet. Ich buchstabiere mich mühsam durch die Aufschriften der Marshrutkas und hoffe, dass ich ohne allzu große Umwege weiter nach Westen komme, denn das ungeduldige: „Da drüben steht er doch!", auf meine Fragen ist angesichts der zwanzig Minibusse, die dort zu sehen sind, nicht wirklich hilfreich.

Auf den Spuren der Antike – Imeretien

Im Süden von Swanetien liegen zwei ehemalige georgische Staaten, die Königreiche Imeretien und Mingrelien. Beide besitzen eine alte Geschichte und ruhmreiche Vergangenheit, die bis in die Zeiten zurückgeht, da die griechischen Argonauten an den Ufern des imeretischen Phasis, heute Rion, das goldene Vlies suchten.

Aus „Ruinen, tote Städte und Kirchen",
in *Zwölf Geheimnisse im Kaukasus*

Spätestens seit dem Postkolonialismus wissen wir, dass geografische Angaben immer relativ sind und es nur eine Frage von Macht ist, wer welches Gebiet als „abgelegen", als „am Ende der Welt" liegend bezeichnet. Der Westen Georgiens ist dafür ein schönes Beispiel: Was für Essad Bey und viele Kaukasier bis heute das Tor nach Europa ist, war für die Europäer seit Jahrtausenden das Ende der Welt. Die alten Griechen kannten das Schwarze Meer und den Kaukasus, und sie waren sicher, dass die Region von seltsamen, gefährlichen Menschen und Ungeheuern bewohnt war. Um dorthin zu gelangen, musste man sich mit den Seeungeheuern und Stürmen des „ungastlichen Meeres" (später als klassischer Euphemismus „das gastfreundliche Meer") und den kriegerischen Bewohnern (bzw. Bewohnerinnen: Hier lebten auch die Amazonen!) seiner Küsten herumschlagen. Dafür lockte das goldreiche Kolchis, das in der griechischen Mythologie eine wichtige Rolle spielt.

Hierhin, zum damaligen Rand der Welt, flohen die Geschwister Helle und Phrixos aus dem griechischen Böotien vor ihrer Stiefmutter auf einem fliegenden, goldenen Widder. Helle stürzte auf dem Flug in die heutigen Dardanellen, die daher in der Antike

Hellespont (Meer der Helle) hießen. Phrixos opferte den Widder bei der guten Landung in Kolchis und hängte das goldene Schaffell, das Vlies, in einen Baum. Einige Zeit später machte sich der Held Jason auf, um eben dieses Goldene Vlies zu holen. Die größten Helden der griechischen Mythologie (abgesehen von denen, die eine Generation später um Troja kämpften, wobei nur Nestor die zweifelhafte Freude hatte, bei beiden Abenteuern dabei zu sein) begleiteten ihn auf der Fahrt mit seinem Schiff, der Argo. In Kolchis begegneten sie Medea, der Priesterin und Tochter des Königs Aietes, die ihnen half, das Goldene Vlies gegen den Willen ihres Vaters mitzunehmen. Dafür aber verlangte sie von Jason, sie zu heiraten. Die Ehe endete in einer Katastrophe und Medea wurde zum Sinnbild der vor Eifersucht wahnsinnigen Frau. Aber das ist eine andere Geschichte.

Kutaisi, die heute fast zwei Busstunden vom Schwarzen Meer entfernte Hauptstadt der Provinz Imeretien, gilt als politisches Zentrum des Königreichs Kolchis, das nicht nur ein mythologisches war, sondern ganz real existierte. Das Königreich hatte Kontakte zu Griechenland, was in der heutigen Selbstdarstellung der Stadt eine wichtige Rolle spielt. So führt Kutaisi heute neben einem griechischen Schiff auch das Goldene Vlies im Stadtwappen, das als ein erbarmenswürdig an einem Baum aufgehängter Widder dargestellt wird. Die Kolchische Ebene, an deren Rand Kutaisi liegt, soll vor langer Zeit ein Arm des Schwarzen Meeres gewesen sein, der bereits in der Antike die fruchtbare Ebene gewesen sein muss, die wir heute kennen. Der Rion, der Fluss, der durch Kutaisi fließt und möglicherweise Jason und seine Argonauten zu Aietes und Meda brachte, war den Griechen als Phasis bekannt. Abgesehen vom Wappen und den zahlreichen Restaurants und Hotels, die „Medea", „Argo", „Aietes" heißen, erinnert heute wenig in Kutaisi an die Antike. Es gibt keine Grabung, und das Museum zeigt nur eine kleine Anzahl von Keramikfunden, die man im weitesten Sinne als „griechisch-antik" einordnen kann. Die Münzen, darunter eine kolchische Golddrachme, die die eigene Münzprägung des Königreichs beweist, und kleinere Funde aus Gold und Silber sind gerade in einem verschlossenen Raum untergebracht, der für eine einzelne Besucherin nicht geöffnet wird. Dafür zeugen sakrale Geräte aus Kirchen der Umgebung von der örtlichen Goldschmiedekunst im Mittelalter und in der Neuzeit. Offensichtlich endete die hohe Kunst im 19. Jahrhundert, denn heute finde ich keinen einzigen Goldschmied mehr. Meine Vermieterin sieht mich völlig irritiert an, als ich danach frage: Arbeit gebe es in der Stadt kaum, die jungen Leute würden nach Tbilisi gehen, die Rente liege bei nicht einmal 200 Lari (etwa 80 Euro), wovon, um Himmelswillen, solle ein Goldschmied leben? Gute Frage! Auch die ausgesprochen reiche georgische Kirche investiert demnach nicht mehr ausreichend in goldene Ikoneneinfassungen und Weihrauchgefäße. Zumindest hier nicht.

Die Innenstadt des heutigen Kutaisi ist die einer typisch russischen Kolonialstadt, wie ich sie schon oft im Kaukasus gesehen habe. Helle, schlichte Steinhäuser mit zwei bis drei Stockwerken und mit Jugendstil-, wahlweise auch klassizistischen Schmuckelementen. Wenn ich beim Rundgang durch die Straßen an Baku denke, werde ich traurig und neidisch, denn Kutaisi zeigt, wie eine kaukasisch-russische Stadt aus dem späten 19. Jahrhundert heute aussehen kann, wenn man sie nicht mit der Abrissbirne saniert, wenn man nicht beliebig einige Straßen herausgreift und renoviert und daneben Hochhäuser setzt, sondern ganze Stadtensembles bestehen lässt. Vermutlich werden mir Kenner von Kutaisi genau zeigen können, wo auch hier sowjetische und postsowjetische Neubauten den Stil stören. Auch ich sehe manche – vor allem sowjetische –, aber der Gesamteindruck ist schon sehr gelungen. Die meisten Bewohner Kutaisis wohnen allerdings in den ausgedehnten Hochhaussiedlungen am Stadtrand, wo in sowjetischer Zeit auch die Industriebetriebe angesiedelt waren, die

Kutaisi früher zur zweitgrößten Stadt Georgiens gemacht hatten (mittlerweile ist Batumi an der Schwarzmeerküste größer). Der Rion wurde im Rahmen von Lenins Elektrifizierungskampagne durch Wasserkraftwerke gezähmt, und um Kutaisi entstanden zahlreiche Fabriken, von denen das wohl berühmteste das Lkw-Werk war, das Lastwagen namens „Kolchida" produzierte. Sage niemals, die Sowjetunion habe keinen Sinn für Traditionen gehabt! Gerade antike Bezüge und Elemente waren beliebt und Teil der Alltagskultur – sei es in der Architektur der Stalinbauten, in Restaurantnamen oder eben als Lastwagen.

Der Brunnen auf dem zentralen Platz der Stadt vor dem Theater ist ein moderner Versuch, an das alte Kolchis zu erinnern: Die Brunnenfiguren sind groteske Vergrößerungen von antiken Kleinfunden aus der Region, in der Mitte ein Paar fast lebensgroßer, vergoldeter Pferde mit schmuckvollem Zaumzeug, in Kreisen darum kleinere Statuen von Widdern, Hirschen (vermute ich mal) und wieder Pferden. Geschmacksache.

Die Antike suchen kann man noch in dem ungefähr eine Stunde von Kutaisi entfernten Dorf Wani (oder Vani – georgische Umschriften erschließen sich mir nicht ganz), in dem in Grabungen seit den 1960er-Jahren mehrere Gräber mit reichen Goldarbeiten als Grabbeigaben gefunden wurden. Die Gräber stammen aus dem 6. bis 4. Jahrhundert vor Christus (mit einem Schwerpunkt auf dem 4. Jahrhundert), aber man hat auch eine ältere Kulturschicht aus dem 8. oder 7. Jahrhundert vor Christus gefunden, aus der Zeit, als Kolchis ins Blickfeld der damaligen Griechen gelangte – also in historischer Zeit, lange, lange Zeit nach den Argonauten. Über das Alltagsleben und die Kulte dieser über die Jahrhunderte teils von Griechenland, teils von Persien beeinflussten Kultur weiß man bis heute wenig – oder es ist noch zu wenig publiziert. Die Bestattungen weisen griechische Einflüsse auf. Für das 3. bis 1. Jahrhundert vor Christus wird von einer „Tempelstadt hellenistischen Typs" gesprochen, aber wer

Auf den Spuren der Antike – Imeretien

in diesen Tempeln hier wie verehrt wurde, ist offensichtlich noch unklar. Interessanterweise zeigte Alexander der Große, der doch sonst jeden Winkel der bekannten Welt erforschen musste, kein Interesse an Kolchis, sondern konzentrierte sich ausschließlich auf das südlich gelegene Persien. Dennoch erreichte der hellenistische Einfluss auch Kolchis und vieles deutet auf einen regen Handel mit Griechenland hin.

In Wani selbst muss ich die Grabung suchen. Ja, jeder weiß, wo das Museum ist, das Gebäude ist auch groß genug, aber die Wegbeschreibungen sind widersprüchlich (oder meine Ratgeber hatten einfach Schwierigkeiten mit dem Russischen) und eine Beschilderung gibt es nicht. Letztendlich hat sich der Ausflug nur für den fantastischen Ausblick von der Grabung über die Ebene von Kutaisi gelohnt, denn das Museum ist gerade wegen Renovierung geschlossen und der Goldschatz ist (angeblich nur) leihweise im Nationalmuseum in Tbilisi. Die Grabungsstätte ist klein, und auch wenn die Beschilderung unerwartet gut ist und auf die verschiedenen Mauerwerke aus unterschiedlichen Zeiten verweist, bleibe ich nicht lang genug, um herauszufinden, wo genau nun die berühmten Gräber sind, die zwischen dem 6. und 4. Jahrhundert vor Christus hier angelegt worden sein sollen. Die auf der Grabungsstelle weidenden Kühe wurden schnell aufdringlich, und auch wenn sie vermutlich nicht gefährlich sind, sind sie doch einfach zu groß für meinen Geschmack – und eindeutig in der Überzahl.

Da weiß ich zu schätzen, dass ich im Nationalmuseum von Tbilisi den Schatz aus Wani ganz für mich allein haben werde. Vor allem im 4. Jahrhundert nach Christus wurden Frauen und Männer mit viel Schmuck als Grabbeigabe bestattet und die liebevollen Details der Goldarbeiten sind es wert, länger betrachtet zu werden. Diademe, Ketten und Armreifen aus Gold, manche mit Tierfiguren wie Vögeln, Schildkröten, Ebern oder Widdern, einmal mit winzigen Goldperlen verziert, einmal als Relief in

Goldblech, einmal als kleine Skulpturen, wurden in verschiedenen Gräbern gefunden. Mich beeindrucken die einheimischen Goldfunde ebenso wie die Importwaren aus Griechenland – seien sie nun aus Gold oder aus Keramik. Der Schwarzmeerhandel war offensichtlich über die Jahrhunderte ein reger.

Als Erklärung für die Vorstellung eines goldenen Widderfells wird übrigens – nicht nur bei Essad Bey – die uralte Form der Goldgewinnung angeführt, bei der Schaffelle in goldführende Flüsse gelegt werden, um den Goldstaub und die kleinen Goldstückchen auf diese Weise zu sammeln. Allerdings gab es schon in der Bronzezeit äußerst effektive Abbaumethoden: Im Süden Georgiens, nahe der Kleinstadt Bolnisi, liegt Sakdrissi, die älteste bisher bekannte Goldmine der Welt aus dem frühen 3. Jahrtausend vor Christus. Leider hat man seit der Bronzezeit offensichtlich das hier zu findende Gold nicht vollständig abgebaut und die Goldförderung in Sakdrissi wurde in den letzten Jahren wieder aufgenommen, wobei die alte Mine im Weg war. 2013 wurde der Denkmalschutz aufgehoben und trotz erheblicher internationaler Proteste von Archäologen und lokalen wie internationalen Nichtregierungsorganisationen gibt es die 5000 Jahre alte Goldmine heute nicht mehr. Kurzfristig sorgte dieser Umgang mit Kulturerbe dafür, dass den Bewohnern der Region auch der ökologische Preis bewusst wurde, den man für den Goldabbau bzw. den Bergbau als Ganzes bezahlen muss. Konsequenzen hatte das allerdings keine. Vermutlich ist es auch schwer, Konsequenzen einzufordern, wenn man nicht einmal weiß, wem die verantwortliche Bergbaugesellschaft eigentlich gehört – oder wenn es keiner wissen will.

Kutaisi tauchte nach einer langen Zeit erst wieder im 10. Jahrhundert nach Christus in den Geschichtsbüchern auf. Damals begann die Herrschaft der Bagratiden (bei Essad Bey in der russischen oder englischen Form: Bagration). Zu den Bagratiden gehörten auch die großen Könige Georgiens, Davit IV. der

Auf den Spuren der Antike – Imeretien

Erbauer und die Königin Tamar, die mir schon in Mzcheta begegnet sind. Essad Bey gibt interessante Theorien zur Herkunft der Bagratiden wieder:

... das imeretische Königshaus ist jüdisch und behauptet, das vornehmste, adligste und älteste Königshaus der Welt zu sein. ... Sämtliche Fürsten Europas und Asiens, die Habsburger und die Bourbonen, die Romanoffs sind Kleinadel im Vergleich mit einem Fürsten Bagration. Denn die Bagration stammen in direkter Folge von König Salomon und König David ab und sind außerdem die Nachkommen des Propheten Moses. Eine Nebenlinie ist dazu noch mit Jesus verwandt. ... auch wenn die offizielle Genealogie nicht ganz stimmt, so ist doch eine dreitausendjährige Geschichte der Bagration sowie ihre jüdische Abstammung historisch nachgewiesen.

Aus „Ruinen, tote Städte und Kirchen",
in *Zwölf Geheimnisse im Kaukasus*

Wie Essad Bey zu der Behauptung kommt, die Bagratiden seien historisch nachgewiesenermaßen jüdisch, das wird wohl sein Geheimnis bleiben – außer man nimmt die Legende als Grundlage, nach der die Bagratiden von König David persönlich abstammen. Ein Davit (in den meisten Umschriften aus dem Georgischen mit „t"), nämlich Davit III., war es, der die Dynastie mit einigen militärischen Siegen im 10. Jahrhundert erstmals berühmt machte und den Grundstein für ihre Herrschaft über große Teile des heutigen georgischen Staatsgebietes legte. Über Kutaisi (das im Übrigen ein großes jüdisches Viertel mit einer Synagoge hat) wacht bis heute die eindeutig orthodoxe Kirche, die der Adoptivsohn Davits III., König Bagrat III., zu Beginn des 10. Jahrhunderts erbauen ließ, als Kutaisi Hauptstadt seines Reiches war. Denn obwohl es heißt, dass Georgien im 10. Jahrhundert unter Bagrat III. erstmals vereint gewesen sei, stand

Tbilisi zu jener Zeit noch unter der Kontrolle türkisch-muslimischer Herrscher. Davit IV. der Erbauer, Nachfahre von Bagrat III., eroberte Tbilisi erst fast hundert Jahre später, woraufhin sich das politische, kulturelle und religiöse Zentrum von Kutaisi nach Tbilisi und Mzcheta verlagerte. Die von Bagrat III. erbaute Kirche wurde bei der osmanischen Eroberung des Gebiets im 17. Jahrhundert weitgehend zerstört und blieb bis ins 20. Jahrhundert eine Ruine. Zu sowjetischer Zeit war langsam mit Restaurierungsarbeiten begonnen worden, die nach der Unabhängigkeit intensiviert wurden. Anfang der 1990er-Jahre auf die Liste des Weltkulturerbes gesetzt, landete die Kirche dank dieser Renovierungsarbeiten, die eher Neubau- als Restaurierungsaktivitäten waren, auch gleich auf der Liste des gefährdeten Weltkulturerbes. Heute entsteht tatsächlich der Eindruck, man betrete eine neue Kirche, die wie die Tsminda Sameba-Kathedrale in Tbilisi auch innen sehr karg wirkt. Malereien sucht man vergebens – allerdings habe ich, als ich dort bin, auch nicht viel Zeit zu suchen, denn gleich beginnt der Gottesdienst.

Die Bagratiden waren das am längsten regierende Adelsgeschlecht im Kaukasus: Immerhin brachten sie es auf gut tausend Jahre – von Beginn des 9. Jahrhunderts bis zur russischen Eroberung Imeretiens im Jahre 1810 –, wenn auch wie alle kaukasischen Reiche in unterschiedlichen Grenzen und Abhängigkeitsverhältnissen. Zudem gab es neben der georgischen auch eine armenische Adelsfamilie dieses Namens. Die Armenier konnten sich allerdings nur vom 9. bis zum 11. Jahrhundert als Herrscherfamilie halten – immer im Kampf gegen Sassaniden und Byzantiner, die wenig Sinn für eigenständige Königreiche an ihren Grenzen hatten. Dass es zwischen georgischen und armenischen Bagratiden eine Verbindung gab, wie Essad Bey annimmt, ist umstritten. Dafür hat der Autor recht, wenn er schreibt, dass ein Bagration auf russischer Seite gegen Napoleon gekämpft habe: Petre Bagration wurde 1812 in der Schlacht von

Borodino verwundet und starb an seiner Verletzung. Während er in der Russischen Armee diente, löste diese offensichtlich das Königreich seiner Familie auf. Die Angabe von Essad Bey, ein Bagratide würde zu seiner Zeit, also in den 1920er- und 1930er-Jahren, „als Chauffeur eines Taxis des Herrn Citroën" in Paris leben, konnte ich nicht nachprüfen – aber warum sollte es nicht stimmen?

Noch heute begegnet man in Georgien öfter Menschen, die den Namen Bagrats als Familiennamen tragen – allerdings in der von Essad Bey nicht erwähnten georgischen Form Bagradze (Sohn des Bagrat) oder als Bargatshvili (Kind des Bagrat). Wie viele davon tatsächlich aus der weitverzweigten alten Familie stammen, wird wohl nicht zu klären sein. Aber dass ein gewisser Davit Bagradze 2008 als Mitglied der Partei Saakashvilis kurzzeitig Außenminister von Georgien war, lädt zu – völlig ungesicherten – Vorstellungen von einem ungebrochen politisch aktiven Fürstengeschlecht ein.

Von der langen Herrschaftszeit der Bagratiden ist in Kutaisi nicht mehr viel zu sehen. Manche Häuser am Fluss erinnern mich an Häuser in der Altstadt von Tbilisi, aber das muss nicht heißen, dass sie aus vorrussischer Zeit stammen – auch in der Altstadt von Tbilisi ist vieles nicht älter als hundert Jahre. Aber immerhin sind es alte Holzhäuser mit geschnitzten Balkonen, die sich von den Steinhäusern der russischen Kolonialzeit abheben.

Doch Kutaisi ist nicht nur die alte Hauptstadt. Seit 2011 ist sie auf Veranlassung des damaligen Präsidenten Michail Saakashvili verfassungsgemäß auch Parlamentssitz von Georgien. Bereits im Jahr 2012 wurde der Neubau des Parlamentsgebäudes eröffnet. Zeitgleich wurden die Rechte des Parlaments gegenüber denen des Präsidenten eingeschränkt. Im Machtkampf des Präsidenten mit dem Parlament erinnert die Verlegung des Parlamentssitzes ein wenig an den deutschen Witz von der Lösung der Hauptstadtfrage nach der Wiedervereinigung: Die Regierung bleibt in Bonn und die Opposition geht nach Berlin. Im Falle Georgiens wurde das bisweilen störende Parlament an den Rand einer Stadt auslogiert, die vier Stunden von Tbilisi entfernt liegt. Außerdem demonstriert der Umzug auch eine Abkehr von sowjetischen Traditionen: Das alte Parlamentsgebäude, das zwischen 1938 und 1953 in bester Sowjetarchitektur am Rustaveli in Tbilisi erbaut wurde, wurde in Kutaisi von einem modernen halbkugelförmigen Gebäude abgelöst, das zumindest bei der nächtlichen Beleuchtung von innen einen vollkommen transparenten Eindruck macht. Die Kosten sollen bei 200 Millionen Dollar gelegen haben – und das wohl allein für den Bau, Umzugskosten nicht inbegriffen. Die Begeisterung für transparente Regierungsbauten, seien es Ministerien oder ländliche Polizeistationen aus Stahl und Glas, war eine Zeit lang sehr groß – zumindest bei ausländischen Architekturkritikern. Die moderne Bauweise brachte dem Land den Ruf ein, dass es ernst mache mit der politischen Transparenz. Dass allerdings durchsichtige Bauten nicht unbedingt gegen undurchsichtige politische Verflechtungen von Kirche und Staat, gegen Korruption und mangelnde Rechtssicherheit helfen, hat sich unter ausländischen Beobachtern nur langsam herumgesprochen. Ich gebe zu, dass ich, unabhängig von den politischen Implikationen, manche dieser Bauten ausgesprochen ansprechend finde. Die Einwohner von Kutaisi sehen das offensichtlich anders: „Was willst du denn da?", ist eine gängige Gegenfrage auf meine Frage, welchen Weg ich zum Parlament nehmen müsse. „Interessante Architektur? Keine Ahnung. Ich war noch nie da." Gleichzeitig scheint es auch niemanden wirklich zu stören, dass für das Parlamentsgebäude das sowjetische Ehrenmal für die Gefallenen des Zweiten Weltkriegs abgerissen wurde – ein weiterer Schritt der Abkehr vom Sowjetischen.

Die Bevölkerung Kutaisis hat sich offensichtlich dafür entschieden, das Parlament zu ignorieren. Kein Hinweis in der Auflistung der Sehenswürdigkeiten und der Stadtgeschichte; Stadtpläne enden ein paar Hundert Meter vor dem Gebäude. Dass kein Tourist so leicht am neuen Parlamentsgebäude vorbeikommt, liegt sicher auch an seiner Lage. Es steht im Niemandsland zwischen Ausfallstraßen, sowjetischen Wohnblocks, alten Fabriken und Baustellen. Vielleicht entsteht hier irgendwann eine Art zweites Regierungsviertel, aber bisher ist davon wenig zu spüren. Auch ich gebe schließlich meinen Versuch auf, ganz nah an das Parlamentsgebäude heranzukommen. Es regnet, und die Straße, die man mir am Busbahnhof zum Parlament gezeigt hat, entpuppt sich als verschlammte, von Baufahrzeugen zerfurchte Schotterstrecke. So reicht es auch mir, die Halbkugel über die Bäume schweben zu sehen. Die Architekturaufnahmen im Internet sind auch sehr gut.

Bäume, Kirchen und Napoleon – Mingrelien

Die merkwürdigsten Ruinen alter Städte und Tempel zeugen davon, dass nicht alle überlieferten Geschichten nur Märchen sind. Da sind zuerst die christlichen Sagen. Unnennbar ist die Zahl der Kirchen, die Stücke des hl. Kreuzes, goldene und silberne Nägel, mit denen Christus gekreuzigt wurde, den Chiton Christi und andere Reliquien bergen.

Aus „Ruinen, tote Städte und Kirchen", in *Zwölf Geheimnisse im Kaukasus*

Das erste Mal hörte ich von den Schätzen des georgischen Nordwestens von einer Mingrelierin, die die Liebe und die Arbeit nach Rustavi verschlagen hatte. In ihrer Küche im achten Stock eines sowjetischen Appartmentblocks mit Blick über die verfallenden Fabriken und die trockene Ebene des äußersten Ostens Georgiens schwärmte sie von den unendlichen Wäldern ihrer Heimat, von Kirchen mit unglaublichen Heiligtümern und von den uralten Beziehungen ihrer Heimat zu Griechenland und Byzanz. Die deutschen Faschisten, versicherte sie mir, hätten die Kaukasus-Offensive begonnen, um den in Mingrelien versteckten Heiligen Gral zu finden. Ich hielt zwar an meiner profanen Vorstellung fest, es sei Hitler wohl eher um das Bakuer Öl gegangen, versprach aber, mir ihre Heimat unbedingt anzusehen, denn ich mag Wälder – im Gegensatz zu Essad Beys Ali, der einen Besuch in Mingrelien wegen zu vieler Bäume beinahe ausgeschlagen hätte:

Ich sah Nino an, die neben mir saß. ... Sie sprach mit dem grauhaarigen Dadiani.

„Sie müssen einmal zu mir kommen, auf mein Schloss Zugdidi",

*sagte der Greis, „am Flusse Rion ... Kommen Sie mit, Ali Khan, Sie
werden den tropischen Urwald Mingreliens sehen mit seinen uralten
Bäumen."*
„Gern, Durchlaucht, aber nur Ihretwegen, nicht der Bäume wegen." ...
*„Ali Khan fürchtet sich vor Bäumen wie ein Kind vor Gespenstern",
sagte Nino.*

Ali und Nino

Wer Angst vor Bäumen hat, sollte Mingrelien tatsächlich meiden,
denn die Wälder sind dicht und die Bäume heilig. Die Begeisterung für Bäume ist in Mingrelien tief verwurzelt – und das ist nicht
nur ein Wortspiel. Jeder Mingrelier, den ich treffe, fängt früher
oder später an, von den Wäldern seiner Heimat zu schwärmen.

*Allerdings sind die Kirchen des Landes die ältesten der Welt, und die
älteste unter ihnen, die Martvili, „die Kirche der großen Eiche", soll
im Jahre vierzig nach Christi vom Apostel Andreas erbaut worden
sein. Der Kirche ist ein Kloster angegliedert, in dem seit Urzeiten der
Bischof der großen Eiche, der Tschckondideli, lebte ... Mitten im heiligen Eichenhain stand eine Festung, aus Steinen erbaut ...*

Aus „Ruinen, tote Städte und Kirchen",
in *Zwölf Geheimnisse im Kaukasus*

Die Kirche und das Kloster können heute noch auf einem Hügel
über der Kleinstadt Martvili besucht werden. Die Eiche allerdings
sollte man nicht suchen: Sie wurde der Legende nach als heidnischer Baum von Apostel Andreas gefällt und als Fundament für
die Kirche verwendet. Dennoch steht im Hof der Kirche ein uralter, beeindruckender Baum – allerdings keine Eiche, sondern
eine Linde. Einer meiner Begleiter, der von einem Ableger der
heiligen Eiche für seinen Garten träumt, findet schließlich noch
ein paar Eichen im umliegenden Wald.

Die kleine Kirche soll tatsächlich aus dem 1. Jahrhundert nach

Christus stammen und erfüllt endlich einmal meine Vorstellungen von einer alten Kirche mit schönen Fresken, die auf das 6. oder 7. Jahrhundert datiert werden. Selbst wenn die ganze Kirche erst in dieser Zeit gebaut wurde, statt schon 40 nach Christus, gehen nicht nur stolze georgische Christen, sondern auch Historiker davon aus, dass es schon im 1., spätestens im 2. nachchristlichen Jahrhundert in Westgeorgien christliche Gemeinden gegeben hat. Vermutlich waren wieder einmal Verfolgte – wie schon die Geschwister Phrixos und Helle – an dieses idyllische Ende der Welt geflohen und hatten die Geschichte dort nachhaltig verändert. Tatsächlich stand die Region Kolchis in dieser Zeit unter römischem Einfluss, da einige Handelsposten entlang des Schwarzen Meeres in römischer Hand waren. Der Westen Georgiens war damit zivilisiert genug, man konnte also sicher dahin gelangen, und er war abgelegen genug, um dort jeder frühen Christenverfolgung zu entgehen. Der Rest Georgiens musste auf die Christianisierung allerdings noch ein bis zwei Jahrhunderte warten, bis nämlich die Heilige Nino auf den Plan trat.

Neben der kleinen Kirche steht eine größere aus dem 10. Jahrhundert. Damals wurden die Kirche und das Kloster von Martvili als kulturelles Zentrum über Mingrelien hinaus berühmt und man musste mehr Besucher und Gläubige unterbringen. Das Kloster ist immer noch bewohnt, und wenn es auch als Mönchskloster bezeichnet wird, muss es irgendwo in der Nähe noch einen Nonnenorden geben: Der Klosterladen mit den selbsthergestellten Marmeladen, Tschurtschchela, einer Süßigkeit aus Walnüssen und eingedicktem Traubensaft, und kleineren Handarbeiten sowie das Café werden von Nonnen betrieben.

Noch tiefer in die Vergangenheit als die älteste Kirche des Landes führt die Grabung im Dorf Nokalakevi, das zwischen Martvili und Zugdidi liegt und das von Essad Bey Nikolakevi genannt wird (generell ist die Recherche zu dem Ort schwierig, da man ihn unter den verschiedensten Vokalisierungen findet.)

Bäume, Kirchen und Napoleon – Mingrelien

Nikolakevi ist die älteste Ruine im westlichen Kaukasus und die interessanteste Fundgrube, die zu erschließen der Archäologie noch bevorsteht. Das Wort Nikolakevi ... bedeutet auf mingrelisch „die alte Stadt" und ist die wörtliche Übersetzung des griechischen Wortes Archeopolis. ... Nach der Ansicht erster Gelehrter ist sie nicht mehr und nicht weniger als die berühmte sagenhafte Stadt Ea, die Hauptstadt von Kolchis, die Sehnsucht der griechischen Abenteurer. Hier, an dieser Stelle, zauberte einst die göttliche Medea, hier landeten die Argonauten, hier suchte Jason das Goldene Vlies.

Aus „Ruinen, tote Städte und Kirchen",
in *Zwölf Geheimnisse im Kaukasus*

Mir erscheint es doch ein bisschen zu weit landeinwärts gelegen und der vorbeifließende Fluss trotz Schneeschmelze ein wenig zu flach zu sein, als dass man mit einem Schiff hier hätte landen können – aber das sind Kleinigkeiten. Denn ob die Argonauten nun hier waren oder nicht, Nokalakevi ist eine uralte Siedlung, die schon im 8. Jahrhundert vor Christus nachweisbar ist und spätestens seit dem 4. Jahrhundert vor Christus Kontakte nach Griechenland hatte – was Keramik- und Schmuckfunde beweisen.

Ein wahrhaft sagenhafter Ort, der ohne Zweifel früher oder später zur Pilgerstätte der Touristen und Altertumsforscher werden wird. Vielleicht ist es bald soweit, dass alte barbarische und klassische Tempel ausgegraben werden, dass eine Messingtafel die Stelle kennzeichnen wird, an der Medea den Jason bezauberte, dass Führer den Fremden trinkgeldhungrig durch die Ruinen führen und dicke Bände die Stadt Nikolakevi verherrlichen werden.

Aus „Ruinen, tote Städte und Kirchen",
in *Zwölf Geheimnisse im Kaukasus*

Auch über achtzig Jahre nach Essad Bey ist dies noch nicht so weit. Zwar begannen 1930, also genau in dem Jahr, in dem Essad

Bey dies schrieb, in Nokalakevi Ausgrabungen unter deutscher Leitung, diese wurden aber bald wieder eingestellt. Erst in den 1970er-Jahren begannen georgische Archäologen wieder, hier zu arbeiten. Aktuell gräbt ein britisch-georgisches Team. An diesem Frühlingstag außerhalb der Grabungssaison merkt man von archäologischen Aktivitäten wenig. Man könnte sich in einem verwilderten Park befinden. Ein Schild, das den Ort, an dem Jason und Medea sich trafen, kennzeichnet, sucht man vergebens – ebenso wie irgendeine andere Beschilderung. Dabei hätte mich vor allem die Datierung der wunderschönen römischen Fußbodenheizung in einem der freigelegten Häuser interessiert. Ich nehme an, sie war eine Besonderheit, sonst würden die berühmten Wälder möglicherweise nicht mehr stehen – heißt es doch, dass die heutige Verkarstung des Mittelmeerraums auch mit dem Holzbedarf für römischen Luxus wie Bäder und eben Fußbodenheizungen zusammenhängt. Und ein paar Informationen zu den mächtigen, teilweise erhaltenen Mauern einer Befestigungsanlage wären ebenfalls schön gewesen. Die meisten Architekturreste sollen aus dem 4. bis 8. Jahrhundert nach Christus stammen, aber welche von wann genau und von wem, das bleibt auch in dem kleinen Museum unbeantwortet. Ich wende mich also wieder der neueren Geschichte des Landes zu.

Schon in der Kirche von Martvili bin ich auf die Familie Dadiani gestoßen, da einige ihrer Angehörige dort begraben sind. Der greise Fürst, der unseren Romanhelden Ali Khan Shirwanshir einlud und dessen Abneigung gegen Bäume nicht verstand, war nicht irgendwer: Seine Familie gehörte zu den ältesten Herrscherhäusern Georgiens, das schon im 11. Jahrhundert nachgewiesen ist. Seit 1542 herrschten sie über Mingrelien, bis sie Anfang des 19. Jahrhunderts gezwungen waren, die russische Oberhoheit über Georgien anzuerkennen. Nachdem sie das getan hatten, scheinen sie allerdings weiterhin relativ ungestört ein fürstliches Leben in ihrer Heimat geführt zu haben.

Bäume, Kirchen und Napoleon – Mingrelien

Die letzte Fürstin von Mingrelien, Ekaterina Dadiani, die nach dem Tod ihres Mannes David 1853 die Herrschaft übernahm, legte Wert auf europäische Kultur und ihre Darstellung. Obwohl sie in späteren Jahren immer mehr Zeit in St. Petersburg verbrachte, wurde in den 1880er-Jahren noch in Zugdidi, der Hauptstadt Mingreliens, ein neuer Palast für die Familie gebaut, der heute die wichtigste Sehenswürdigkeit der Stadt ist. Das auf den ersten Blick fast quadratische Gebäude – vorn europäisches Schloss in klein, hinten mingrelisches Haus mit weiten Holzveranden – steht in einem kleinen französischen Garten. „Palast" mag bei seiner geringen Größe eine etwas übertriebene Bezeichnung sein, aber als Wohnsitz der Herrscherfamilie und angesichts der Gesamtanlage doch nicht unpassend. Im Gebäude, das seit 1921 ein Museum ist, erinnern Parkett und hohe Fenster, die dunklen, schweren Möbel, das europäische und chinesische Porzellan sowie zahlreiche Ölgemälde vor allem mit kaukasischen Szenen an großbürgerliche Wohnungen Europas. In den großen Bücherschränken stehen viele Bücher in Französisch, der Sprache der russischen Oberschicht jener Zeit. Die Dadiani hatten trotz ihrer Loyalität zu Russland offensichtlich ein besonders enges Verhältnis zu Frankreich, sogar ein persönliches zu Napoleon: Die Tochter von David und Ekaterina Dadiani heiratete einen Großneffen des französischen Kaisers. Er brachte einige persönliche Besitztümer – vor allem Bücher Napoleons sowie eine der drei Totenmasken des Kaisers nach Mingrelien. Noch heute ist diese Totenmaske im seit 1921 im Palast eingerichteten Museum zu sehen – so geschickt ausgestellt, dass der normalgroße Besucher vor allem einen eindrucksvollen Blick in die kaiserlichen Nasenlöcher erhält.

Mit der Nutzung ihres Palasts als Museum seit sowjetischer Zeit können die Dadianis – abgesehen von einer grundsätzlichen Abneigung gegen die neuen Herren – nicht wirklich unglücklich gewesen sein: Schon Fürst David soll seine Schätze und seine

Münzsammlung 1840 für interessiertes Publikum öffentlich ausgestellt haben. Viele der archäologischen Fundstücke seiner Sammlung, die angeblich auch noch im Schloss sein sollen, aber wohl in Räumen, die bei meinem Besuch nicht zugänglich waren, stammten natürlich aus Nokalokevi.

Ekaterina Dadiani muss eine gastfreundliche, aufgeschlossene Frau gewesen sein, die sowohl an ihren diversen Wohnsitzen in Mingrelien als auch in ihrem Haus in Zarskoje Zelo bei St. Petersburg gern Gäste begrüßte. 1876 war unter ihren Gästen in Mingrelien ein junges Paar aus Österreich, das sich nach einer von den Eltern des Bräutigams abgelehnten Ehe an den Rand der europäischen Welt geflüchtet hatte. Das junge Paar kam kurz vor Ausbruch des Russisch-Türkischen Krieges 1877, der größtenteils auf dem Balkan und in der heutigen Osttürkei um Kars herum geführt wurde, aber als einen Nebenschauplatz auch Mingrelien erfasste. Die Kriegsereignisse beeindruckten das Paar, vor allem die Frau. Mehr als zehn Jahre später wurde sie als Journalistin und Pazifistin weltbekannt. Für ihr Engagement für den Frieden und ihren Anti-Kriegsroman *Die Waffen nieder!* erhielt Bertha von Suttener als erste Frau den Friedensnobelpreis – einst von ihr als Sekretärin Alfred Nobels selbst angeregt und mit den Gewinnen aus den Ölgeschäften der Gebrüder Nobel in Baku finanziert.

Neben dem Palast der Dadianis steht eine Kirche, die die bedeutendste der vielen wichtigen Reliquien des georgischen Westens beherbergt: Das Leichentuch der Jungfrau Maria, das nach der Eroberung Konstantinopels 1453 nach Georgien gebracht worden sein soll. Während der Sowjetzeit befand sich die Reliquie, wie viele andere aus den Kirchen Mingreliens, im Museum im Palast der Dadianis. Nun ist es für Gläubige wieder möglich, an der wichtigen Reliquie zu beten, Kerzen anzuzünden und den Schrein zu küssen – allerdings nicht für solch ungläubige Touristinnen in Hosen wie mich. Man könne meine Beine sehen, wurde mir am Eingang missbilligend erklärt. Ich konnte nicht anders, als zwei jungen Minirockträgerinnen, die anstandslos eingelassen wurden, verblüfft auf die Beine zu schauen.

In der nun schon mehrfach erwähnten Begeisterung der Mingrelier für Bäume legte Fürst David Dadiani in Zugdidi seit 1840 einen Botanischen Garten an. Seine Frau Ekaterina führte das Werk ihres Mannes fort und importierte zum Ausbau des Gartens, der eher eine Sammlung von Bäumen war, sogar Bäume aus Europa. „Kommt mir irgendwie bekannt vor", seufzt eine georgische Freundin und spielt damit auf das neuste Hobby des Multimilliardärs und ehemaligen Premierministers von Georgien, Bidzina Ivanishvili, an. Dieser stammt zwar nicht aus Mingrelien, sondern aus dem benachbarten Imeretien, macht aber seit einiger Zeit von sich reden, weil er Bäume für viel Geld in ganz Georgien kauft und in seinen Privatgarten nach Ukreki am Schwarzen Meer bringen lässt. Gerade als ich stolz von meinen neuen Erkenntnissen über Fürsten und Botanische Gärten erzähle, geht in Tbilisi das Gerücht um, Ivanishvili habe den Botanischen Garten der Hauptstadt, der, aus dem 17. Jahrhundert stammend, noch wesentlich älter ist als der in Zugdidi, gekauft, und es sei unklar, was künftig aus dem bei der Bevölkerung sehr beliebten Ort werde. Vermutlich hat der Botanische Garten in Zugdidi da noch Glück, dass er heute ein etwas in Vergessenheit geratener, wild wuchernder Wald ist. Angeblich ist in den letzten Jahren viel Geld in die Restaurierung des Gartens geflossen, und ich bin erleichtert, dass ich nichts davon bemerke. Auf den nahezu vollständig überwucherten Wegen kann ich die Vielfalt der alten Bäume, ob efeuumrankte, riesige mitteleuropäische Laubbäume, Palmen oder Bananenstauden, für mich entdecken; noch kam bisher kein politisch einflussreicher Multimilliardär mit dem Laster hier vorbei.

Abgesehen von dem Palast und dem Botanischen Garten der Dadianis ist Zugdidi im Stadtzentrum eine vollkommen sowjetisch anmutende Kleinstadt, in deren kleiner Innenstadt von der Baum- und Reliquien-Romantik Mingreliens wenig zu spüren ist.

Graue heruntergekommene Wohnblocks, die offensichtlich überbevölkert sind, bestimmen das Bild – die Nähe Zugdidis zu Abchasien machte die Stadt zu einem ersten Anlaufpunkt für Georgier, die während oder nach dem Ende des Krieges in den 1990er-Jahren von dort flohen. Viele zogen weiter nach Tbilisi, viele blieben hier, nur wenige Kilometer von der Grenze entfernt, hängen. Obwohl sie sich offensichtlich als Georgier fühlen und nicht unter abchasisch-russischer Regierung leben wollten, sprechen die meisten auf der Straße und auf dem riesigen Basar Russisch. Wenn mir schon die Landschaft Mingreliens gefallen würde, erklärt mir ein Taxifahrer, solle ich unbedingt einmal nach Abchasien, da sei alles noch viel, viel schöner. Ja, das mit dem Visum sei vielleicht nicht ganz einfach, aber Abchasien sei diesen Aufwand wert. Dass er gewissermaßen für den Feind Tourismuswerbung macht, scheint ihn nicht zu stören, er spricht ganz offensichtlich von seiner verlorenen Heimat.

Er steht mit seinen Schwärmereien vom Land mit den unendlichen Zitrushainen in bester sowjetischer Tradition. Damals war Abchasien – oder gleich ganz Georgien – für die Bewohner der nördlichen Sowjetrepubliken das Land, „wo die Zitronen blühn". Georgier mit Kisten voll Mandarinen und Orangen sowie Flaschen mit georgischem Wein oder Cognac gehörten im Winter zu den begehrtesten Händlern in der Schattenwirtschaft Moskaus und Leningrads. Entsprechend hart traf und trifft Georgien immer noch der Verlust Abchasiens, das so untrennbar mit dem Mythos „Georgien" verbunden ist. Im Gegensatz zu Karabach und Südossetien geht es in dem Konflikt um Abchasien nicht nur ums Prinzip, sondern tatsächlich auch um Ressourcen. Zwar gibt es keine Bodenschätze, aber angesichts der Bedeutung des internationalen Tourismus für die Wirtschaft sind Strände, Berge und Zitrushaine wirtschaftlich nicht uninteressant. Dabei haben sich die Abchasen selbst nie wirklich zu Georgien gehörig gefühlt. Sie sprechen eine andere Sprache, waren über die Jahrhunderte (wenn sie nicht gerade vom Osmanischen Reich oder Russland besetzt waren) meistens nur lose mit Georgien verbunden – oder was auch immer das in viele Fürstentümer zersplitterte Georgien in jener Zeit war. Erst eine typisch sowjetische Grenzziehung brachte sie 1931 zu Georgien. (Und natürlich war wieder der Revolutionär aus Gori schuld!) Kein Wunder, dass die Abchasen beim Zerfall der Sowjetunion bald versuchten, wieder an alte Unabhängigkeitstraditionen anzuknüpfen, auch wenn sie nach verschiedenen Quellen gerade einmal 18 Prozent der ethnisch bunt gemischten Bevölkerung Abchasiens ausmachten. Wie auch in Karabach begannen die Auseinandersetzungen zwischen Abchasen und Georgiern schon in den späten 1980er-Jahren. Die Unabhängigkeitserklärung Georgiens im April 1991 wurde von der Ankündigung Abchasiens beantwortet, dass es Teil der Sowjetunion bleiben werde. Im August 1992 eskalierten die Spannungen schließlich in einem offenen Krieg. Nicht nur die massive Unterstützung Russlands, sondern auch die Unterstützung durch Kämpfer aus anderen nordkaukasischen Republiken, die teilweise gerade oder wenig später um die Unabhängigkeit von Russland kämpften, und die Tatsache, dass sich auch in Abchasien lebende Russen und Armenier gegen die georgischen Truppen wandten, sorgte dafür, dass diese zurückgeschlagen wurden. Beim Waffenstillstand anderthalb Jahre später war bereits die gesamte georgische Bevölkerung, etwa 200.000 Menschen, aus Abchasien vertrieben. Wie auch der Karabach-Konflikt fällt der Abchasien-Konflikt unter das, was man „frozen conflicts" nennt: keine Kampfhandlungen (zumindest selten), aber auch keine Hoffnung auf ergiebige Friedensgespräche in absehbarer Zeit.

    Obwohl Ausländer theoretisch von Georgien nach Abchasien einreisen dürfen, verzichte ich darauf. Schließlich hat auch Essad Bey zu diesem Teil des Kaukasus nichts Schriftliches beizutragen. Ich verlasse Zugdidi in Richtung Westen. Gleich außerhalb der Innenstadt sind die Straßen ungeteert, die großen Gärten und die typischen westgeorgischen Häuser mit ihren großen Veranden im ersten Stock, zu denen weit geschwungene Treppen führen, erwecken einen dörflichen Eindruck. Längst sind die meisten dieser Häuser aus Beton, statt wie in alten Zeiten aus Holz, aber die Architektur ist unverändert. In den Gärten wachsen Palmen und Obstbäume, Bananenstauden und Tomaten. Die legendäre russisch-georgische Schwarzmeerküste mit ihrem subtropischen Klima, das Sehnsuchtsziel aller Sowjetbürger, ist nicht mehr weit. Selbst wenn man nicht nach Abchasien kommt.

Zwischen Bergen und Meer – Batumi

Durch die alte Stadt Tiflis fließt der Bergfluss Kur. Seinem Laufe folgend zogen die Stadthalter die Hauptader des Landes, die große transkaukasische Eisenbahn, die Baku mit Batum verbindet, durch das gebirgige Land. Nord-südlich von Tiflis, der Bahn und dem Fluss parallel, ziehen sich die malerischen Vorposten des Kaukasus, die Hügel und kleinen Schluchten mit ihrer üppigen Vegetation.

Stalin

Die letzte Etappe meiner Reise durch den Kaukasus auf Essad Beys Spuren beginne ich am Bahnhof von Tbilisi, wo ich den Zug ans Schwarze Meer, nach Batumi, besteige. Essad Bey beschreibt prachtvolle Salonwagen und vielsprachige Schaffner, die dem Reisenden jeden Wunsch erfüllen. Wer Geld hatte, fuhr damals im Luxuswagen der Transkaukasischen Eisenbahn durch den Kaukasus. Heute haben Autos und Busse die Transkaukasia längst als Hauptschlagader der Region abgelöst. Doch der Zug ist immer noch die billigste Reisemöglichkeit und entsprechend voll ist er. Im Vergleich zu den Nachtzügen, die ich zwischen den südkaukasischen Hauptstädten gewohnt bin und die immer noch aussehen und riechen wie die Interzonenzüge meiner Kindheit, ist der Zug Tbilisi–Batumi neu und schnell. Und die georgische Bahn hat weitere große Pläne: Am Bahnhof in Tbilisi hängen Plakate mit den neusten Schnellzügen, die bald durchs ganze Land fahren sollen.

Die Transkaukasia ist eng mit der Entwicklung des Kaukasus im 19. und frühen 20. Jahrhundert verbunden. Bereits 1865 wurde mit dem Bau einer Eisenbahnlinie begonnen, die von der etwas nördlich von Batumi gelegenen Hafenstadt Poti nach Baku führen sollte – Poti, weil Batumi damals nicht zum Russischen, sondern noch zum Osmanischen Reich gehörte. Der Ölboom hatte gerade begonnen und so war die Eisenbahn in der Planungsphase wohl zuerst ein klassisches Kolonialprojekt, wie das der in derselben Zeit begonnene der Transsibirischen Eisenbahn, die britischen Eisenbauprojekte in Indien oder die Erschließung des amerikanischen Westens durch die Eisenbahn – erste Möglichkeiten also, riesige Distanzen in bisher völlig unvorstellbarer Geschwindigkeit zu überwinden. Als die Transkaukasia 1883 Baku erreichte, war sie bereits zur entscheidenden wirtschaftlichen Grundlage für den Ölboom geworden: Sie brachte Menschen und Technik von Europa ans Kaspische Meer und das gewonnene Öl zum Verschiffen nach Poti, und ab 1883 eben auch nach Batumi, das dann zum Russischen Reich gehörte.

Weil aber bereits Ende des 19. Jahrhunderts die Züge und Schiffe nicht mehr ausreichten, um die Nachfrage nach Erdöl in Europa zu beantworten, wurden schnellere Möglichkeiten des Transports, zum Beispiel Öltanker eingesetzt. Den ersten Öltanker der Welt ließen die Gebrüder Nobel auf dem Kaspischen Meer zu Wasser. Weit kam er auf dem Binnenmeer nicht. Um das Öl nach Europa zu bringen, musste es zuerst einmal quer durch das Gebirge auf die Schwarzmeerseite des Kaukasus gelangen. Schon in den 1870er-Jahren hatte man in Baku zur Lösung des Transportproblems mit Ölleitungen experimentiert und 1877 hatte die erste Pipeline auf den Ölfeldern von Abşeron funktioniert. Nach zehnjähriger Bauzeit und noch längerer Planungsphase wurde im Jahr 1906 schließlich eine Pipeline von Baku nach Batumi quer durch den Kaukasus eröffnet – mit ihrer Gesamtlänge von 835 Kilometern die damals längste Pipeline der Welt. Sie verlief entlang der Eisenbahnstrecke, an der auch die Telefonleitungen verlegt wurden. Die Strecke der Transkaukasia war damit mehr als nur die Zugverbindung. So sehr ich vom Zug aus nach Überbleibseln der alten Pipeline Ausschau halte: Ich sehe keine. Vermutlich, weil ich keine Ahnung habe, wonach ich in der Landschaft eigentlich suchen soll und weil mich die Bergkulisse auch immer wieder von so banalen Dingen wie der modernen Technik ablenkt.

Batum war eine Arbeiter- und Händlerstadt. Von Baku, von den fernen Ölquellen, strömte nach Batum das flüssige Gold des Kaukasus. Von hier aus brachten es die Dampfer nach Europa. Am Ufer des Meeres erhoben sich Fabriken und große Reservoire, in denen das Öl aufbewahrt wurde. Unter den Arbeitern dieser Raffinerien begann Stalin nunmehr seine Arbeit.

Stalin

Wo das Öl, der Reichtum und die Ausbeutung waren, taucht natürlich auch der berühmteste kaukasische Revolutionär wieder auf. Sicher war es Teil des Personenkults in den 1930er-Jahren um ihn, dass er in dieser vorrevolutionären Zeit angeblich überall dort gewesen sein soll, wo irgendetwas los war, dass er jeden Streik selbst organisiert, für jede illegale Presse selbst verantwortlich gewesen und jede Bank höchstpersönlich überfallen haben sollte. Dennoch gilt sein Aufenthalt in Batumi 1902 als gesichert.

Stalin arbeitete in Batumi in der bolschewistischen Gruppe mit, die es bereits gab, organsierte Streiks und brannte auch gleich noch eine Raffinerie der Familie Rothschild nieder. Das Museum, das an seine Heldentaten erinnerte, ist seit einigen Jahren geschlossen. Und nicht nur das: Umbenennungen und Veränderungen im Straßenverlauf haben dazu geführt, dass ich unter der im offensichtlich veralteten Reiseführer angegebenen Adresse mitten in einer Marktstraße mit dem Schwerpunkt „Baumaterialien" auf einen Lampenladen in einer der typischen zweistöckigen Betonbaracken stoße. Die Marktverkäufer wissen alle, wo das Museum einmal war, aber nach vier verschiedenen Wegbeschreibungen gebe ich auf. Ich habe genug von Straßen, die übersät sind von Schlaglöchern, Menschen- und Autogedränge und dem überquellenden Angebot von Waren aller Art. Wie für die Kolossalstatue in Gori bin ich auch hier offensichtlich zu spät gekommen, um Stalin zu noch zu treffen. Aber die Straßen zwischen dem herausgeputzten Stadtzentrum mit ihrem Markttreiben, dem Verladebahnhof, den kleinen, halb verfallenen Häusern und den neu gebauten Betonbaracken geben mir trotz ihres Warenangebots, das eindeutig ins 21. Jahrhundert gehört, eine Vorstellung, wie diejenigen gelebt haben (und immer noch leben), die hier den Reichtum erwirtschafteten – vor allem, wenn man bedenkt, dass die Steinhäuser mit der abbröckelnden Farbe wohl schon eine deutliche, nachrevolutionäre Verbesserung darstellen: Stolz prangen zwei Hämmer und die Jahreszahl 1927 auf dem Dachfirst einiger Häuser.

Zwar wurde das Stalin-Museum geschlossen, doch ein neues Museum wurde eröffnet, das an jene erinnert, die in der Ölindustrie reich geworden waren: In der ehemaligen Villa der Gebrüder Nobel etwas außerhalb der Stadt befindet sich nun ein Erdöl-Museum.

Obwohl – oder gerade weil – mir die historische Bedeutung des Öls für Batumi bekannt ist, bin ich doch erstaunt, dass das Öl und die Industrie immer noch so präsent sind. Ich hatte die Bilder des Seebads im Kopf, das mir Freunde überall in der früheren Sowjetunion beschrieben hatten und die noch einmal verstärkt wurden durch die Werbung für Luxushotels und Casinos, die mir schon am Flughafen in Tbilisi entgegengesprungen war. Außerdem hatte mit dem Ende der Sowjetunion und dem zweiten Ölboom in Baku eine völlig neue Dimension des internationalen Pipeline-Pokers begonnen, der Batumi buchstäblich links liegen ließ. Allianzen aus Politik und Wirtschaft handelten neue Verteilerwege aus, bei denen einzelne Staaten und ihre Regierungen unterstützt, andere möglichst außen vor gelassen werden sollten. Georgien als halbwegs stabiles, an der Anbindung an EU und NATO interessiertes Land war dabei immer beliebt. Die neue Pipeline durch den Kaukasus, die Baku-Tbilisi-Ceyhan-Pipeline, führt allerdings nicht mehr entlang der Eisenbahnroute und über Batumi, sondern biegt westlich von Tbilisi nach Süden ab und erreicht dann über Erzurum den südtürkischen Hafen Ceyhan in der Nähe von Adana, wobei sie aus bekannten politischen Gründen einen Bogen um Armenien macht. Durch die mit „BTC" abgekürzte Ölleitung fließen seit 2006 bis zu 160.000 Kubikmeter Öl am Tag. Eine weitere Leitung, die Baku-Supsa-Pipeline, endet im Hafen Supsa nördlich von Batumi, transportiert wesentlich weniger Erdöl (lächerliche 23.000 Kubikmeter am Tag) und ist vor allem dann von Bedeutung, wenn es bei der BTC technische Probleme gibt. Bei politischen Auseinandersetzungen wie dem Südossetien-Krieg, der extrem nah an beide Pipelines herankam, schienen diese gleichermaßen gefährdet zu sein.

Die für mich ohnehin unvorstellbare Menge an Erdöl, die durch die Pipelines inzwischen an Batumi vorbeifließt, hatte ebenfalls – zusammen mit den Beschreibungen Batumis als Seebad unter Palmen – dazu geführt, dass ich angenommen hatte, der Hafen von Batumi sei unwichtig geworden. Und vielleicht ist er das auch. Dennoch sind Ölverarbeitung und Hafen meine ersten Eindrücke, als ich im leichten Aprilregen in Batumi ankomme. Öltanks reihen sich aneinander, im Güterbahnhof stehen auf vielen parallel verlaufenden Gleisen lange Züge mit Tank- und Containerwagen, unzähligen Verladekräne ragen auf und beladen Schiffe in einer Größe, dass ich mich frage, wie sie eigentlich das Schwarze Meer durch den Bosporus und die Dardanellen verlassen sollen. Aber irgendwie muss es funktionieren, denn gerade bei meiner Ankunft sehe ich ein Transportschiff mit dem Heimathafen Kaunas den Hafen verlassen. Wenn es hierhergekommen ist, wird es wohl auch wieder zurückfahren können. Auch die „Greifswald" wird einen Weg finden, um nach Hause, nach Panama, zurückkehren zu können.

Im Vergleich zu Tbilisi und Baku, zu den meisten Städten Transkaukasiens, ist Batum eine junge, erst gestern gebaute Stadt. Nach der Eroberung des östlichen Küstenstrichs des Schwarzen Meeres erbauten die Russen statt der alten türkischen Festung eine neue Stadt. Breite Straßen, hübsche, europäische Häuser, ein Hafen, Gärten mit tropischer Vegetation, mit schlanken Baumalleen machten den Aufenthalt in dieser Stadt für Stalin fast zu einer Erholungskur.

Stalin

Nachdem ich den Hafen hinter mir gelassen habe, gewinne ich den Eindruck, dass Batumi, trotz der Industrie eine entspannte Stadt ist. Essad Beys Held Ali hätte Batumi sicher nicht gefallen, denn die Stadt erinnert zwar mit dem Meer, dem Öl und dem offensichtlichen Reichtum des frühen 20. Jahrhunderts an Baku – aber ohne die zwei Dinge, die Ali dort so liebt: die Altstadt und die Wüste. Statt der Wüste umgeben dicht bewaldete Berge die Stadt (und wir wissen ja inzwischen wie Ali zu Wäldern steht), und falls es eine Altstadt aus der Zeit vor der russischen Eroberung gegeben hat, ist diese heute nicht mehr auffindbar. Das wäre für Ali umso bedauerlicher, als diese Altstadt wie die in Baku auch muslimisch geprägt gewesen sein muss. Die Provinz Adjarien, deren Hauptstadt Batumi ist, gehörte seit Anfang des 17. Jahrhunderts zum Osmanischen Reich und in dieser Zeit konvertierten viele der Einwohner zum Islam, behielten aber ihre Sprache und ihr nationales Bewusstsein als Georgier bei. Jahrhundertelang leisteten sie Widerstand gegen die Osmanen. Die Wiedervereinigung mit Georgien erfolgte erst 1878, und zwar nicht aufgrund des adjarischen Widerstands, sondern durch die Grenzziehungen des Berliner Kongresses, der Adjarien unter russische Herrschaft stellte.

Von der angeblich jahrhundertealten Abneigung gegen den türkischen Nachbarn, dessen Grenze nur wenige Kilometer entfernt ist, merkt man heute nichts mehr – Restaurants, Hotels,

Busunternehmen und Geschäfte sind häufig in türkischer Hand, und oft höre ich Türkisch oder die auch aus Baku vertraute Mischung aus Türkisch und Russisch auf den Straßen. Um die Moschee im Stadtzentrum hat sich etwas entwickelt, was aussieht wie eine türkische Kleinstadt am Schwarzen Meer: Fischrestaurants mit türkischen Speisekarten, Supermärkte, in denen nur türkische Produkte zu finden sind, Frisöre und Handwerker mit türkischen Aufschriften. Auch wenn man offensichtlich gern Geschäfte mit dem Nachbarn macht, in einem Punkt will man nicht zu viel Annäherung: Einen Türken als Schwiegersohn zu haben ist für die meisten muslimischen Adjaren nach einer Umfrage heute noch undenkbar. Ob sie einen georgisch-orthodoxen Schwiegersohn lieber hätten, wurde in der Umfrage allerdings nicht ermittelt. Unwahrscheinlich wäre das nicht, hat sich doch nicht nur die türkische Gemeinde, sondern auch die Zahl der orthodoxen Georgier in den letzten Jahren durch Zuzug aus anderen Teilen Georgiens deutlich erhöht, wie mir meine orthodoxe Vermieterin stolz versichert. Batumi sei schon lange keine muslimische Stadt mehr, betont sie mehrfach. Dies bestätigt mir das Stadtbild: Die Moschee im Stadtzentrum ist die einzige in ganz Batumi und der Ruf des Muezzin ist so leise eingestellt, dass ich ihn ein paar Straßen weiter kaum noch höre. Meine Vermieterin scheint mit dieser Entwicklung sehr zufrieden zu sein. Andere, durchaus auch christliche, georgische Freunde, äußern sich kritischer: Der Islam werde gezielt zurückgedrängt, Moscheen würden zerfallen, muslimischer Religionsunterricht werde in den Schulen nicht angeboten. Bisher gebe es dagegen zwar kaum Proteste, aber langfristig könne eine solche Politik gefährlich werden. Die Angst vor neuen Unruhen in dem Land, das pluralistischer ist, als viele es wahrhaben wollen, sitzt tief.

Abgesehen von der Moschee gibt es auch eine Synagoge sowie eine armenische, eine russische, eine georgische und eine griechische Kirche. Zumindest sind das die Gotteshäuser, die ich in den wenigen Tagen meines Aufenthalts finden kann; es ist nicht ausgeschlossen, dass sich noch mehr irgendwo verstecken. Im Stadtbild ist für mich das georgisch-orthodoxe Christentum am meisten präsent: Ich bin am orthodoxen Palmsonntag, vier Wochen nach dem nicht-orthodoxen Ostern, in Batumi, und überall sehe ich Menschen (vor allem Frauen und Kinder) mit Buchsbaumbüscheln in der Hand durch die Straßen laufen. Warum in einer Stadt, in der es so viele Palmen gibt, ausgerechnet Buchsbaum verwendet wird, das sei einmal dahingestellt – der Exotik-Effekt? Auch die Verkäufer von Ostereier-Farben scheinen hier viele Kunden zu finden. Anfangs irritiert es mich, dass die meisten Menschen in Sonntagskleidern, mit Buchsbaum und Ostereiern und aus einer architektonisch ganz offensichtlich europäisch-katholischen Kirche kommen, aber dann erfahre ich, dass die Kirche bereits seit Jahren orthodox genutzt wird. (Eine katholische Kirche gibt es außerdem. Ein moderner Betonbau in Hafennähe – vermutlich für die Seeleute aus Kaunas und Panama.)

Die Tatsache, dass sich Adjarien trotz seiner eigenen Geschichte in den unruhigen Zeiten nach der Unabhängigkeit weitgehend loyal zu Georgien verhielt, verblüfft die Forscher immer noch als „Der Konflikt, den es nicht gab". Am ersten Präsidenten Zviad Gamsachurdia (ja, der, der schon als fünfzehnjähriger in den 1950er-Jahren gegen die Sowjetunion aktiv wurde und angeblich zu den Mitorganisatoren der Proteste von 1956 gehörte) kann es nicht gelegen haben: Der Nationalist hatte mit Äußerungen wie: „Muslime können keine Georgier sein", sein Bestes getan, um die Adjaren gegen Georgien aufzubringen, und dafür gesorgt, dass sie, wie die Abchasen und Südosseten, ihre Unabhängigkeit erklärten. Tatsächlich mag der Grund dafür gewesen sein, dass Adjarien unter Führung von Aslan Abashidze in den ersten Jahren nach Ende der Sowjetunion ohnehin mehr oder weniger unabhängig von Georgien agierte. Das Land besaß auch eigene Truppen, was während des Bürgerkrieges für den

Schutz dieser verhältnismäßig sicheren Oase im Chaos auch zweifellos sinnvoll war. Langfristig war das für die Regierung in Tbilisi natürlich nicht tragbar. Eduard Shevardnadze, der Gamsachurdia nachfolgte, ließ die Adjaren dennoch weitgehend gewähren. Aber nachdem er in der Rosenrevolution 2003 von Michail Saakashvili abgelöst worden war, wurden die Beziehungen zwischen der autonomen Republik Adjarien und Georgien, gelinde gesagt, schwierig. Die adjarische Führung stellte sich auf die Seites des abgesetzten Präsidenten Shevardnadze, unter dem sie ihre Ruhe gehabt hatte. Es half nicht viel und im Mai 2004 floh Abashidze nach Russland und entging damit einem Prozess wegen Korruption. (Dass die erste Zeit unter Saakashvili unter dem Motto der Korruptionsbekämpfung stand, ist für viele Georgier heute kaum noch vorstellbar.) Die vollkommene Eingliederung Adjariens in Georgien war damit vollzogen. Auch in der Darstellung gegenüber Ausländern und Schulklassen, die den größten Teil der Besucher des Historischen Museums von Batumi ausmachen: Das Museum feiert die jahrhundertealte Verbindung von Adjarien und Georgien, die Ausstellung endet aber sicher nicht zufällig mit der Zeit der frühen Sowjetunion und verschweigt die Geschichte nach 1990.

Die größte Ähnlichkeit zwischen Batumi und Baku besteht nicht in der muslimischen Vergangenheit, sondern im offen präsentierten Reichtum im Stadtbild. Beide Städte wurden Ende des 19. Jahrhunderts von Ölmillionären neu erbaut: breite, gerade Straßen, weite Plätze mit Statuen, prachtvolle Häuser in einer Mischung aus Jugendstil und Klassizismus, Kopien von Bauten, deren Vorbilder vermutlich irgendwo in der Toskana stehen, und architektonischer Orientalismus mit maurischen Bögen und aus mit bunten Steinen abgesetzten Streifen. In beiden Städten sind diese Bauten sorgsam von ihren stalinistischen Kopien zu unterscheiden, die ebenfalls klassizistische und Jugendstilelemente aufgreifen, aber ins Gigantische übertragen. Schließlich ein großer Park mit Springbrunnen, Cafés und Fahrgeschäften entlang einer Promenade am Meer. Nur dass diese in Batumi an einem steinigen Strand entlangführt und keine befestigte Hafenanlage ist wie in Baku. In Batumi kann man an der Promenade im Liegestuhl Platz nehmen und das Meer und die Berge im Norden bewundern oder gleich im Schwarzen Meer baden. Ob das Meer hier in Hafennähe allerdings viel sauberer ist als in Baku, wo Ölflächen – ob von Schiffen oder natürlich aufgestiegen – einfach dazugehören, kann ich nicht beurteilen, auch weil das Meer viel unruhiger anbrandet als das an manchen windlosen Tagen spiegelglatte Kaspische Meer (und an Orkantagen wagt man sich ohnehin besser nicht an den Bulvar.)

Im Stadtzentrum treffe ich wieder auf die griechische Antike, denn natürlich lässt sich auch Batumi nicht nehmen, Bezug auf die Argonauten-Sage zu nehmen. Auf dem zentralen Platz, umgeben von Häusern, von denen manche wie Kopien europäischer Bürgerhäuser aussehen, steht Medea auf einer hohen Säule, stolz das Goldene Vlies in der erhobenen Hand, im Hafen liegt ein Fischkutter mit dem Namen „Argo", und so heißen auch die Gondeln der Seilbahn, die vom Hafen zum Restaurant auf einem Hügel am Stadtrand schweben. Auf einem anderen Platz, näher am Meer, steht Poseidon vor dem klassizistischen Theater mit Blick auf eines der vielen Spielcasinos von Batumi. Eine Seite des Platzes ist von renovierten sowjetischen Wohnhäusern gesäumt – wenn man das Verkleiden von Balkonen mit buntem Plastik als Renovierung bezeichnen will. Der Effekt ist allerdings tatsächlich toll: Die Häuserfront erstrahlt in allen Farben des Regenbogens und eher zufällig entdecke ich auf den zweiten Blick die typischen Spuren des Verfalls.

Auch in der ganz modernen Stadtgestaltung erinnert Batumi an Baku: An der Promenade werden Hochhäuser gebaut, die sich vor der modernen Architektur der Emirate oder ostasiatischer Städte nicht verstecken müssen. Ein schlanker weißer Bau ragt empor und hat auf halber Höhe (also sehr weit oben!) ein kleines vergoldetes Riesenrad in die Fassade eingelassen. Zum Glück muss ich nicht darüber nachdenken, ob ich damit fahren würde, denn der Koloss steht noch auf tönernen Füßen: In den unteren Stockwerken wird noch gebaut und man kann noch nicht ins Gebäude hinein. Ein riesiger Ω-förmigen Bau, von dem ich sicher bin, ihn auch in der Planung für die Weiße Stadt in Baku gesehen zu haben, ist noch nicht einmal im Bau. Dennoch wird bereits am Flughafen von Tbilisi für den Kauf von Wohnungen in dem Komplex für 950 US-Dollar pro Quadratmeter geworben. Seit 2010 fertig ist dagegen das Sheraton-Hotel etwas weiter die Promenade hinunter. Auf den ersten Blick hätte ich es als typisch stalinistische Architektur der 1930er-Jahre eingeordnet: hoch, kantig, mit leicht pyramidenförmigen Abstufungen und einer Spitze, auf der sich ein roter Stern gut gemacht hätte. Tatsächlich aber ist der Neubau von einem chinesischen Architekten, der sich an Rekonstruktionsversuchen des Leuchtturms von Alexandria aus hellenistischer Zeit orientiert haben soll.

Ob Batumi wirklich so viele Hotelzimmer und Ferienwohnung braucht? Immerhin soll sich die Zahl der Besucher in den letzten Jahren mehr als vervierfacht haben und der Ruf der Stadt hat sich offensichtlich weit herumgesprochen: Im Zug traf ich zwei junge Chinesinnen, die in Dubai arbeiteten und auf den Rat anderer in der Golf-Chinesischen Gemeinde hin einmal ein Wochenende in Batumi verbringen wollten. Ja, die Globalisierung hat den Kaukasus erreicht.

Und egal, ob es Ali Batumi nun gefallen hätte oder nicht: Er und Nino sind an der Strandpromenade nahe am Hafen als Denkmal verewigt. Die zwei Metallstatuen der Künstlerin Tamara Kvesitadze wurden ursprünglich 2007 auf der Biennale in Venedig einfach als „Mann und Frau" gezeigt, bei ihrer Aufstellung in Batumi 2010 aber nach Essad Beys Helden benannt. Dabei haben Ali und Nino es – im Gegensatz zu Essad Bey und seinem

Vater – nicht gemeinsam bis hierher, zur letzten Station vor dem nicht-sowjetischen Europa, geschafft. Wenn, dann hat Nino nach Alis Tod hier allein mit ihrer Tochter auf die Überfahrt nach Istanbul gewartet und vom Schiff aus Abschied vom Kaukasus genommen.

Zum letzten Mal sah ich die Palmengärten der adscharischen Hauptstadt; die schönen Mädchen, die unter den Palmen saßen und nach europäischer Sitte die Lippen schminkten; die adscharischen Kneipen, in denen die Nachkommen des Prometheus, ohne trunken zu werden, Dutzende von Bechern leeren können und die mächtigen blaue Berge, die hinter der Stadt beginnen und Räuber, Fürsten, Nomaden und Ritter beherbergen.

Aus „Abschied vom Osten",
in *Öl und Blut im Orient*

Nachwort

Für jene, die – wie Essad Bey und sein Vater, wie Nino und ihre Tochter – Anfang der 1920er-Jahre den Kaukasus in Richtung Westeuropa verließen, war es ein Abschied für immer bzw. für mehrere Generationen. Ninos Tochter und Enkel wuchsen mit einem eingefrorenen, immer stärker romantisierten Bild des Kaukasus auf. Manch ein Emigrant und seine Kinder kämpften zwanzig Jahre nach dem Abschied vom Kaukasus sogar auf der Seite der deutschen Wehrmacht, um auf diese Weise ihre verlorene Heimat wiederzugewinnen. Als nach dem Ende der Sowjetunion manch ein Nachfahre der Kaukasus-Emigranten (sei es aus der dritten oder gar aus der vierten Generation) in das Traumland seiner Ahnen zurückkehrte, fand er wenig aus den alten Geschichten vor. Auch jene, die den Südkaukasus in den 1980er- und frühen 1990er-Jahren in andere Teile der Sowjetunion (oder vor allem als Juden nach Westeuropa, die USA oder Israel) verließen, erzählen, wie wenig sie ihre Städte bei Heimatbesuchen wiedererkannt hätten. Es waren nicht nur die neuen Gebäude und die ganz neu entstandenen Viertel, nein, auch die Menschen hätten sich verändert – und so machte sich sogar bei jenen ein Gefühl der Heimatlosigkeit breit, die ihre Wohnungen, Höfe, Städte und Dörfer überhaupt nie verlassen hatten.

Selbst in den wenigen Jahren – in der Zeit von 2010 bis 2016 –, in denen ich durch den Kaukasus reiste, hat sich viel verändert: In Georgien demonstrierten die Menschen und wechselten die Regierungen; die Macht der Kirche blieb stabil, die Währung weitgehend auch. In Aserbaidschan blieb die Regierung an der Macht, die Währung fiel mit dem Ölpreis. Die erhoffte und gefürchtete Revolution blieb aus, die Opposition verließ zunehmend mehr oder weniger freiwillig das Land. Zur gleichen Zeit wurden einst abgelegene Gebiete touristisch erschlossen, postmoderne Bauten in Groß- und Kleinstädten errichtet und Träume von künftiger politischer und wirtschaftlicher Größe genährt. Nur die Konflikte, sei es um Bergkarabach, sei es um Abchasien und Südossetien, blieben so eingefroren, wie sie waren. Die bisweilen aufflackernden bewaffneten Auseinandersetzungen, wie im April 2016 zwischen Armenien und Aserbaidschan, legten sich bald, brachten aber den Friedensprozess nicht wieder in Gang.

Viele der Umbrüche gingen in meine Beschreibungen des sich schnell wandelnden Kaukasus ein. Von manchen Veränderungen erfuhr ich, als ich dieses Buch schrieb. Dazu gehört die Tatsache, dass der Göygöl, der so viel umschwärmte Himmelssee oberhalb des alten Helenendorf, nach Jahren der Sperrung wieder für den Fremdenverkehr zugänglich ist. Für viele Aserbaidschaner keine Neuerung, sondern ein Zeichen, dass alles wieder werden kann wie früher.

Die Fährverbindungen sind heute – auch ohne Pestausbruch – unzuverlässiger als zu Essad Beys Zeiten. Aber das ist nicht der Grund, warum sich in Batumi Essad Beys Spuren und meine Wege trennen: Für mich gibt es in den Bergen und Städten, Steppen und Dörfern des Kaukasus noch viel zu entdecken und im Gegensatz zu Essad Bey bin ich nicht gezwungen, die Region zu verlassen.

Überhaupt werde ich dem Kaukasus treu bleiben, solange die Visavergabe funktioniert. Denn auch hundert Jahre später ist Alis Beobachtung richtig, dass die Landkarten verwirrend und Grenzlinien überall sind.

Landkarte umseitig ...

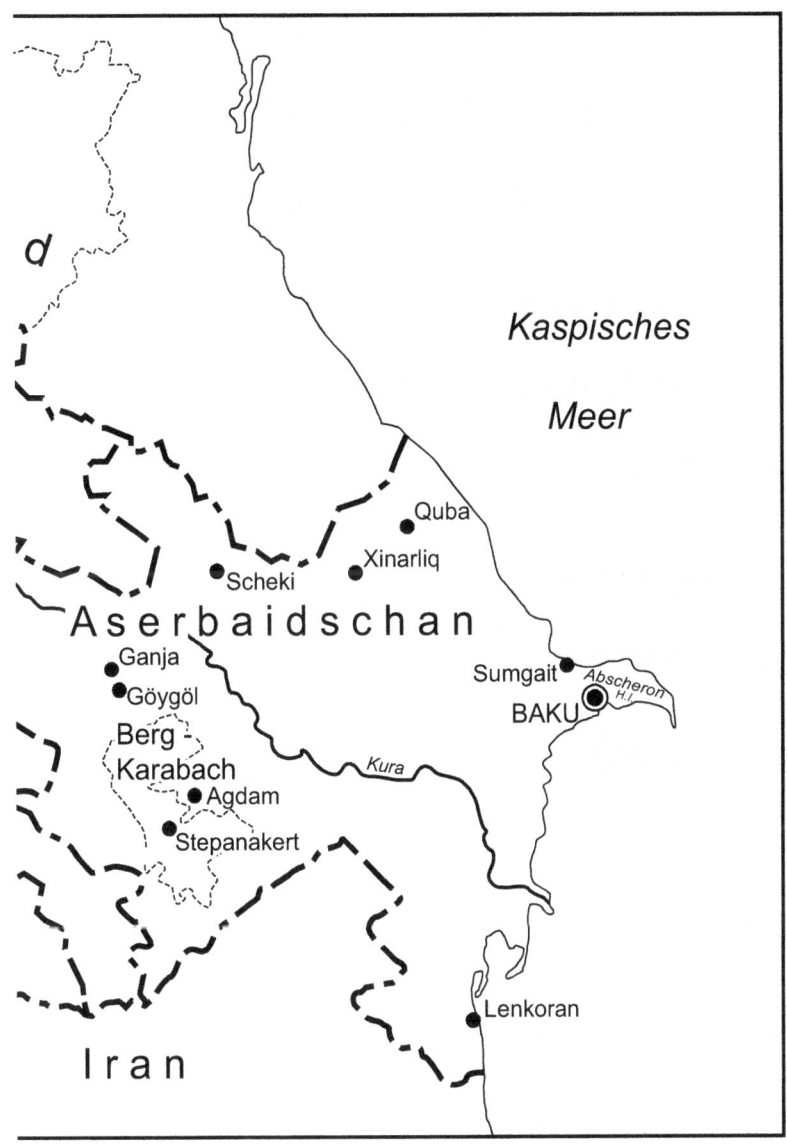

Literaturverzeichnis

Zitierte Bücher:

Essad Bey: *Öl und Blut im Orient.* Freiburg 2008: Verlag H.-J. Maurer, (überarbeitete Neuausgabe der Erstauflage von 1930)
Essad Bey: *Zwölf Geheimnisse im Kaukasus.* Frankfurt 2008: Verlag H.-J. Maurer
Essad Bey: *Stalin. Eine Biographie.* Berlin 1931: Gustav Kiepenheuer Verlag
Kurban Said (alias Essad Bey): *Ali und Nino.* Berlin 2016: List Taschenbuch Verlag, 2016 (erste Auflage: 1937)

Wer sich weiter informieren möchte:

Auch, Eva-Maria: *Öl und Wein am Kaukasus: Deutsche Forschungsreisende, Kolonisten und Unternehmer im vorrevolutionären Aserbaidschan.* Wiesbaden 2001: Reichert Verlag
Banine: *Kaukasische Tage.* Frankfurt 2009: Verlag H.-J. Maurer
De Waal, Thomas: *Black Garden: Armenia and Azerbaijan Through Peace and War.* New York 2003: University Press
De Waal, Thomas: *The Caucasus. An Introduction.* Oxford 2010: Oxford University Press
Pfluger-Schindlbeck, Ingrid (Hg.): *Aserbaidschan.* Berlin 2008: Reimer Verlag
Reiss, Tom: *Der Orientalist. Auf den Spuren von Essad Bey.* München 2010: btb-Verlag

Danksagung

Meine Vertrautheit mit dem Kaukasus, vor allem mit Aserbaidschan, verdanke ich der Förderung meiner wissenschaftlichen Arbeit durch die Deutsche Forschungsgesellschaft im Rahmen des Sonderforschungsbereichs 640 – „Repräsentationen sozialer Ordnungen im Wandel" in den Jahren 2010 bis 2013. Die Produktion von Reiseberichten war nicht Vertragsgegenstand. Es sei der DFG trotzdem für die finanzielle Unterstützung gedankt.

In der Wissenschaft gehört es zum guten Ton, ganz in seinen Forschungsgegenstand einzutauchen und den Kontakt zu anderen Ausländern zu meiden. Entsprechend wird vor allem den lokalen Freunden und Helfern gedankt. Das sei natürlich auch hier geschehen. An dieser Stelle möchte ich aber vor allem den Freunden aus den verschiedenen Ausländergruppen in Aserbaidschan und Georgien in der Reihenfolge ihres Auftretens in meinem Leben danken: Katharina S., Mary, Matt, Andrej, Martin, Katharina L., Karin, Katrin, Julia – ohne euch wäre der Südkaukasus nicht die Heimat geworden, die er ist.

Des Weiteren danke ich meinem Verleger Hans-Jürgen Maurer für seine Anregungen und seine ansteckende Begeisterung für Essad Bey; Martina Klose für das Lektorat und Sangram Pabla Singh für die Gestaltung des Titelbildes.

Ein spezieller Dank geht an Gabriele Fließbach/Berlin, die die Karte erstellte.

Gewidmet ist das Buch meiner Mutter Monika Krebs, die auch dann an die Veröffentlichung glaubte, als die Texte wieder in Gefahr waren, in der Schublade zu verschwinden.

Ebenfalls aus unserem Verlag
Sachbücher und Romane von Essad Bey

Öl und Blut im Orient
236 Seiten, Paperback, 18,90 Euro
ISBN 978-3-929345-30-8

Zweite, aktualisierte und erweiterte Auflage, Winter 2018/19:
ISBN 978-3-929345-68-1

Zwölf Geheimnisse im Kaukasus
232 Seiten, Paperback, 18,90 Euro
ISBN 978-3-929345-33-9

*Nikolaus II.
Glanz und Untergang des letzten Zaren*
388 Seiten, Paperback, 19,90 Euro
ISBN 978-3-929345-81-0

*Liebe und Erdöl / Manuela
Zwei romantische Novellen*
122 Seiten, Wendebuch, Paperback, 14,90 Euro
ISBN 978-3-929345-35-3

Kurban Said

Das Mädchen vom Goldenen Horn
270 Seiten, Paperback, 18,90 Euro
ISBN 978-3-929345-43-8

www.maurer.press

„Die Schmerzen des ESSAD BEY"
Ein Film von Ralf Marschalleck

Mit:
Nourida Ateshi
Romolo Ercolino
Nahoum Hermont
Raimonda Gaetani, u.a.

Musik: *Aziza Mustafa Zadeh* und *Conny Bauer*
Fachberatung: *Gerhard Höpp*

**Eine DVD der
UM WELT FILM Produktion, 2014
110 Minuten**

bitte wenden für die Rückseite

Die Geschichte eines Unzugehörigen. Die Geschichte eines getriebenen Grenzgängers zwischen aufbrechenden Welten. Die Geschichte eines schillernden Kosmopoliten, der das Abenteuer geistiger Freiheit lebte, begabt mit der Fähigkeit zu schreiben, geschlagen mit dem Mut zur Provokation – wirklich zu Hause nur in seinen Texten. Eine Geschichte von Leben, Schreiben und Sterben in den Zeiten von Krieg und Revolution.

Jetzt auf DVD in einer limitierten Erst-Edition mit einer Orginal-Signatur des Regisseurs

Für 25,50 Euro inkl. Mwst. und Versand nur hier erhältlich:

Film in deutscher Sprache: *http://essadbey-derfilm.de*
Film in englischer Sprache: *http://www.essadbey-thefilm.com*

Die Schmerzen des ESSAD BEY

mit

GRIGORY KOFMAN	Erzähler – „Die Stimme von Essad Bey"
NOURIDA ATESHI	Autorin, Berlin und Baku
Prof. ROMOLO ERCOLINO	Historiker und Zeitzeuge, Positano
Prof. CERKEZ GURBANLY †	Germanist und Übersetzer, Baku
NAOUM HERMONT	Zeitzeuge, Paris
MARIA PAONE †	Zeitzeugin, Positano
RAIMONDA GAETANI	Zeitzeugin, Positano und Rom
FIORAVANTE RISPOLI †	Zeitzeuge, Positano
MASSIMO FIORENTINO	Zeitzeuge, Positano
DON GIULIO	Priester, Positano
JEAN MARIA TARLAMO	Schauspieler, Positano
MARIO DI NAPOLI	Musiker, Positano
Buch, Regie, Schnitt, Produktion	RALF MARSCHALLECK
Idee und Konzept	THOMAS KNAUF
Kamera	LARS BARTHEL
Musik	AZIZA MUSTAFA ZADEH, CONNY BAUER
Bildbearbeitung	HEINZ HOMMEL
Tonbearbeitung	MARC ELSNER, STEFANIE STEINBICHL
Fachberatung	Prof. GERHARD HÖPP †

Gefördert von
Bundesbeauftragter für Kultur und Medien • Stiftung Kulturfonds Berlin
Medienboard Berlin-Brandenburg • Campania Film Commission Neapel
Gencevi Institut für aserbaidschanische Kultur Berlin
Besonderer Dank an Rachele Hein, München

DVD-Bestellung über www.essadbey-derfilm.de
TV-Vertrieb über www.hsmedia-consult.de
Eine UM WELT FILM Produktion Berlin © 2014 www.umweltfilm.de

Laufzeit 110 Min. • Sprache Deutsch
stereo • Bildformat 1:1.66 / 16:9
PAL • DVD